JN082041
デキる保育者はこう考える！
PDCAベースの
指導計画たて方ノート
浅井拓久也
前田和代
／著

PLAN
DO
CHECK
ACTION
年間計画
月案
週案
日案
5領域
10の姿

チャイルド本社

# はじめに

指導計画を作成する際に大事なことは、２つあります。

１つは、計画と計画がつながっていることです。つながるとは、例えば年間計画と月案が同じ方向を向いており、月案のねらいは週案の各週のねらいを達成することで達成できるようになっているということです。計画と計画がつながることで保育がつながり、保育がつながることで子どもの育ちがつながります。本書では、計画と計画のつながりがわかるように、つながりを「見える化」してあります。なぜそうしたねらいにしたのか、なぜそのような活動内容を用意したのかをつながりの視点から読み解くことで、計画と計画をつなぐことの大切さを理解し、つなぐ方法やコツを身につけることができます。

もう１つは、「幼児期の終わりまでに育ってほしい姿」（10の姿）を育めるような計画を作成することです。計画は何でもかんでも作成すればよいのではありません。「幼児期の終わりまでに育ってほしい姿」を育むような計画を作成することで、子どもの育ちを保障する保育を実現しやすくなります。本書では、「幼児期の終わりまでに育ってほしい姿」を組み込んだ計画の作成方法を解説してあります。計画のどこに、どのように組み込むのか、なぜそのようにするのかを読み解くことで、「幼児期の終わりまでに育ってほしい姿」を育めるような計画の作成方法を身につけることができます。

本書で示した方法は、私たち執筆者からの提案でもあります。本書と対話し、考え、自分ならこうする、この方がよいと自分なりの提案をしてみてください。それが、よりよい指導計画を作る最もよい方法なのです。

秋草学園短期大学幼児教育学科 准教授

浅井拓久也

私は、保育者をしていたとき、目の前の子どもの姿を見て、「次はこんなことが起こるかな、では、こんな環境構成にすると楽しくなるかな？」「こんな関わりをするとこんな経験ができるかな？」と構想することがとても楽しかったです。そして、その通りの展開になったり、育ちが見られたりすると、子どもと私の思いがつながったようなとても嬉しい気持ちになりました。また、せっかく用意した環境への関わりがまったくなかったり、別の展開になったりすると、「そうきたか！」と子どものおもしろさを発見したり、子どもの思いとのズレに反省したりということもたくさんありました。

こんなふうに考えたり、感じたりすることは楽しかったのですが、それを計画、反省という記録にすることは苦痛でした。書くべきものなので、書いてはいましたが、「自分の構想とのつながりはどこへ？」という、あまり意味のない計画も多かったと思います。

私は、現在、学生に指導計画の書き方を指導していますが、子どもの姿が見えにくい学生は指導案作成が大変そうです。目の前の子どもの姿・構想・実践とがつながると、意味のある計画になるのではと思います。また、忙しい年度末・年度初めにたてた年間計画・期の計画が、月案・週案・日案ともっとつながった計画になることで、より豊かな保育へとつながっていく、そのようなことを願ってこの本を作成しました。

この本を、保育者・学生のみなさんが、指導計画の意味や必要性を踏まえ、実践と計画がつながるような計画の作成に活用いただけたらと思います。そして、より子どもとつくる保育が楽しくなることを願います。

東京家政大学家政学部児童学科 専任講師

前田和代

デキる保育者はこう考える！ PDCAベースの

# 指導計画たて方ノート

## もくじ



## 第1章 基本を確認しよう！

### 基本の「き」



### PDCAサイクルの要素



## 第2章 実践してみよう！



### 長期計画と短期計画のつながり

## 長期計画から短期計画を作る



# 第3章　指導計画作成のヒントと資料

## 「10の姿」のワーク



## 遊びの計画を作る

マンガでわかる

# 指導計画たて方ポイント

指導計画に苦手意識がある方も大丈夫！
“デキる保育者”が指導計画の基本と書き方のコツを伝授します。

そうね！　子どもの活動を
充実させるには準備が大切！
そのためにも
環境構成や
保育者の関わりを
考えなくちゃね！
でも…いろいろ考えて、
準備しても…
計画通りにいかない
ことが多くて…
はな先生！
いいのよ！
それが
大事なの！
いろいろな展開を考えて計画しておけば、
予定外のことが起きても柔軟に対応できる
でしょ？
子どもの興味に
沿った活動に
しましょう！
トンボだーーっ!!
砂遊びは…
そっか
計画通りに
進めることに
こだわらなくても
いいのか
それに計画を作ることで
保育全体を捉えやすく
なるし、振り返りも
しやすくなるわね
今日はここが
準備不足だった
な…
指導計画は
作りっぱなしはNG！
PLAN→DO→
CHECK→ACTIONを
セットで考えましょう！
PDCAサイクル
PLAN（計画）
DO（実践）
CHECK（振り返り）
ACTION（改善）
これが
PDCAサイクルの
考え方ね
なるほど!!…

実際に指導計画をたてるときのポイントってありますか？
そうね…まずは子どもの姿から考えることかな
どんな計画も子どもの興味や関心から離れてしまっては充実した活動にならないの
だからこそ、子どもの姿の読み取りが大切なんですね！
そして、５領域や「10の姿」を踏まえながら考えていくんだけど…
フムフム
計画同士や内容同士のつながりも意識したいわね！ そうじゃないとちぐはぐな計画ができてしまうわ。
年間計画
月案
週案
日案
ねらい
子どもの活動
環境構成
援助
さすが、さきこ先生！
もっとくわしく教えてくださーい！！
さきこ先生の頭の中が見られたらいいのに～
フィン
フィン
脳
私の頭の中…それなら
私が指導計画をたてるときに考えていることをまとめたノートよ♡
ジャン！
指導計画たて方ノート
このノートを書籍にしたのが本書なのです！
くわしくは次のページから！

## 第1章

# 基本を確認しよう！

よりよい指導計画を作るためには、PDCAサイクルを意識することが重要です。
PLAN・DO・CHECK・ACTIONそれぞれのポイントを
確認していきましょう！

基本の「き」

# 指導計画はなぜ必要？

保育に欠かせない指導計画。
なぜ、たてる必要があるのでしょう？　あらためて考えてみましょう。

## 指導計画が必要な4つの理由

指導計画は大きく分けると２つの種類があります。１つは、年間計画（年間指導計画）や月案（月間指導計画）のような、子どもの生活や育ちを長い目で見通して作る長期的な計画です。もう１つは、週案（週間指導計画）や日案のような、子どものいまの生活や育ちの状態を踏まえて作る短期的な計画です。このように、さまざまな指導計画がありますが、ここでは、１週間の保育の計画を示した週案に焦点を当てて、なぜ指導計画が必要か４つ説明しましょう。

短期的な計画

週案　日案

## ❶ 保育の全体が見渡せる

計画を作ることで、保育の全体を見渡すことができます。これによって、バランスのよい保育が展開しやすくなります。例えば、激しい運動がある日が続くと子どもは疲れてしまいますし、ある程度の時間がかかる製作活動をするなら、週初めから開始しておく必要があるでしょう。その日・その場で、どんな保育をしようかと考えるのでは、保育の全体を見渡すことができなくなり、子どもの生活や育ちにとって適した保育をすることが難しくなります。みなさんは旅行に行く前に計画を考えますよね。初日は美術館を観光して、２日目はゆっくり温泉に入って…というように計画をたてておかないと、旅行の最終日になって「あの有名な滝を見ておけばよかった」と悔しい思いをしてしまうこともあります。保育も同じです。計画を作り、保育を始める前に全体を見通し、保育のつながりを把握しておくことが大事です。

## ❷ 入念な準備につながる

計画を作ることで、入念な準備ができます。保育は、その場・そのときに対応することも多いものですが、よりよい保育をするためには入念な準備が欠かせません。その日の保育では何をねらい

とするか、ねらいを達成するためにどのような体験が必要か、そのために何を用意するのかなどを、あらかじめ考えておくことでよい保育になります。

旅行でも、何のために旅行に行くのか、どうやって目的地まで行くか、予算はいくらか、雨が降ったときはどうするか…と、計画をしっかり作ることで入念な準備ができますね。

保育も、場当たり的に行うものではなく、計画を作って準備をしたうえで行います。保育を始める前が大事なのです。

### ❸ 目の前の子どもに柔軟に対応できる

計画を作ることで、計画通りに保育が進まないときにも、よい保育が展開しやすくなります。どれほどしっかりと計画を作っても、子どもは保育者が予想もしないことをするものです。例えば、今日は廃材を使って作品展に使うロボットの製作をしようと考えていたところ、子どもたちは園庭で捕まえたダンゴムシに興味津々になってしまって、ロボットの製作に振り向こうとしないこともあります。このようなときは、計画通りに進めようとするのではなく、子どもの興味や関心に即した保育になるよう、柔軟に対応することが重要です。保育は計画をこなすために行うのではなく、子どもの育ちを支え、促すために行うものなのです。

「目の前の子どもに柔軟に対応していくのなら、計画なんていらないんじゃないか？」と思うかもしれません。しかし、そうではありません。計画があるからこそ、柔軟に対応できるのです。計画を作るときに「ああでもない、こうでもない」といろいろな展開を考えたり予想したりすることが、柔軟な対応につながります。

旅行先で観光しているときに、急に大雨が降ってきたとしても、計画を作る際に、さまざまな展開を予想して準備していれば、例えば、近くにオシャレなカフェがあることがわかっていて、「雨がやむまで、カフェで紅茶でも飲んでいよう」などと柔軟に対応ができることでしょう。柔軟な保育をするためには、計画が欠かせないのです。

### ❹ 保育をよくするための振り返りができる

計画を作ることで、保育の振り返りが充実し、よりよい保育に改善していくことができます。保育の後に、計画と実際の保育を比べてみます。準備した材料は足りていたか、子どもが興味をもつような素材だったか、なぜつまらなそうにしていたのかなど、計画と実際の保育を一つひとつ比べて振り返っていき、どこに課題があったのか、どうしたら改善できるかを考えていきます。保育をする前に自分が考えたことを計画しておくことで、丁寧な振り返りになります。保育はやりっぱなしではいけません。保育がうまくいったときも、そうではないときも、きちんと振り返り、改善点を考えることが大事です。

基本の「き」

# PDCAサイクルって何？

保育の分野でもよく耳にするようになったPDCAサイクル。
毎日の保育のなかで意識できるようになると、よりよい指導計画作りにも役立ちます！

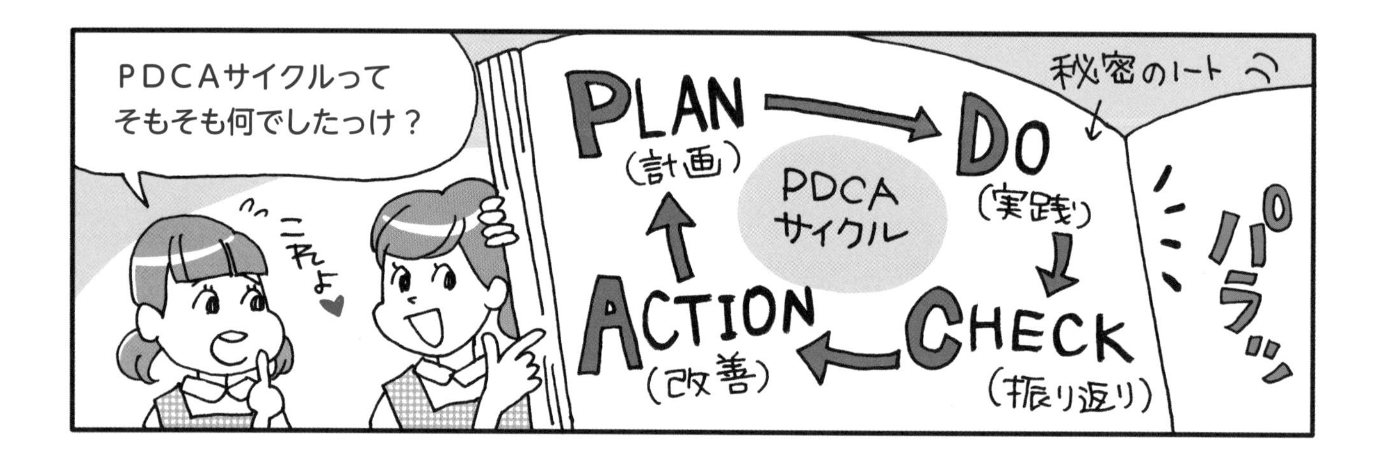


## PDCAサイクルとは？

PDCAサイクルという言葉を聞いたことがありますか？　保育におけるPDCAは、PLAN（計画をたてる）、DO（保育を行う）、CHECK（保育を振り返る）、ACTION（保育を改善する）を意味しています。サイクルとは、繰り返すことです。保育を行う際は、このPDCAサイクルを意識し、繰り返すことが大切です。

なぜPDCAサイクルが必要なのでしょう。それは、場当たり的な保育や、やりっぱなしの保育では、保育がよくならないからです。保育者も成長しませんし、何より子どもの育ちを支えることができなくなります。PDCAサイクルをきちんと意識することで、保育を振り返り、改善点をみつけ、次の保育に生かしていくことができます。

## 試験勉強に当てはめてみると…

もう少し身近な例で説明してみましょう。みなさんは学生の頃、定期試験がありましたよね。そのとき、月曜日は英語の勉強をして、火曜日は国語の漢字を覚えて…というように勉強の計画をたてたはずです（PLAN）。その計画に基づいて勉強を進め（DO）、予定通りに進まなかったときは、「なぜだろう？」「計画に無理があったのかな？」「スマホに夢中になってしまって勉強時間が少なくなったのかな？」…などと、自分の勉強を振り返ったのではないでしょうか（CHECK）。そのうえで、「英語は苦手だから２日間にしよう」、「漢字を覚えるときはスマホの電源を切っておこう」などと、改善する方法を考えて、また勉強を進めたのではないでしょうか（ACTION）。

### 保育に当てはめてみると…

保育も同じように考えることができます。思いつきのままに保育をしたり、保育が計画通りに進まないとき、「まあいいや」とか、「とりあえず何とかなったからいいや」という、場当たり的な保育・やりっぱなしの保育をしたりしていると、いつまでたっても保育がよくなることはありません。

例えば、廃材を使った製作活動をする計画をたてて準備をしたのに（PLAN）、保育を始めたら子どもたちは園庭で拾ってきた落ち葉やドングリに興味を示したことから、急遽（きゅうきょ）それらを使って製作活動することにしたとしましょう(DO)。このとき、「子どもたちが楽しんでいたからいいや」、「やっぱり計画をたてても意味がないな」と考えるのではなく、そもそも子どもたちの興味をきちんと把握していたか、秋の自然物があふれる時期に廃材という選択でよかったのか、子どもたちが集めてきたもの以外にすぐに提供できる素材はなかっただろうか…と、保育をさまざまな方向から振り返ります(CHECK)。そのうえで、「最近忙しくて子どもたちの様子をしっかり見ることができていなかったから、来週は子どもたちと一緒に遊ぶことで何に興味をもっているか観察してみよう」などの改善点をみつけ、次の保育に生かしていきます(ACTION)。

このように、PDCAサイクルを意識することで、計画をしっかりたてて保育を行い、その後に（時には保育の最中に）保育を振り返り、改善点をみつけ、次の保育に生かすことができるようになるのです。

### うまくいったときほど、PDCAサイクルを意識！

PDCAサイクルは、保育が計画通りに進んだり、うまく展開したときほど意識してください。なぜなら、保育がうまく進まなかったときは、どこに問題があったのだろうか、なぜだろうと、振り返りの必要性を感じやすいのですが、うまく進んだときは必要性を感じにくく、振り返りを忘れがちだからです。しかし、保育者が成長するためには、もっとよい保育をするにはどうしたらよいだろうかと常に考え続けることはとても重要なことです。**保育が計画通りに進んだ、うまく展開したときほど、PDCAサイクルを意識して、丁寧な振り返りをしてください。**

PDCAサイクルの要素

PLAN（計画）のポイント❶

# 子どもの姿から立案する

PDCAサイクルの要素を、1つずつくわしく見ていきましょう。
まずPLANから、意識したい大切なポイントを紹介します。

## 子どもの姿は、意外と見えていない？

PLAN（計画）のポイントの１つ目は、子どもの姿から立案することです。指導計画を作る際は、具体的な子どもの姿と関係づけることが大切です。なぜなら、保育は計画を作ることが目的ではなく、子どもの育ちを支えるために行うものだからです。このため、目の前の子どもに即して指導計画を作ることがとても重要になります。

子どもの姿から指導計画を立案するために欠かせないのは、子どもの姿を丁寧に読み取ることです。

このように言うと、「子どもの姿はいつもきちんと見ている」と思う方も多いでしょう。では、自分が毎日使っている時計の文字盤を紙に正確に描くことができるでしょうか？　あるいは、スマートフォンのアプリの配置を正確に描けるでしょうか？　毎日、何回も見ているはずのものであっても、正確には描けないでしょう。

実は、私たちはものを見ているようで見ていません。ものをきちんと見るためには、視点が必要です。ものの見方や着眼点と言ってもよいでしょう。子どもの姿を丁寧に読み取るためには、子どもの様子をただじっと眺めているだけでは十分ではなく、視点を定めて見る必要があるのです。

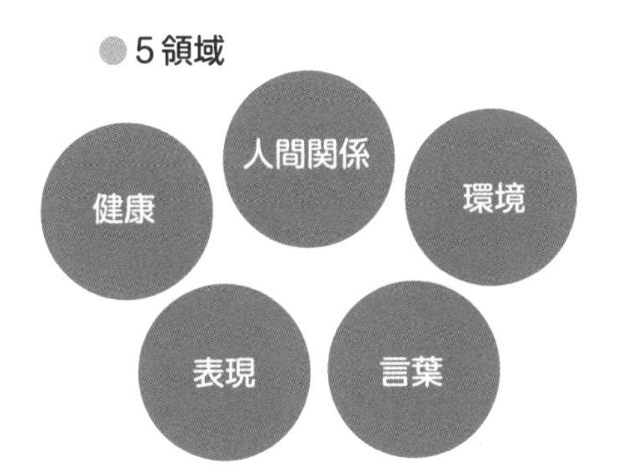


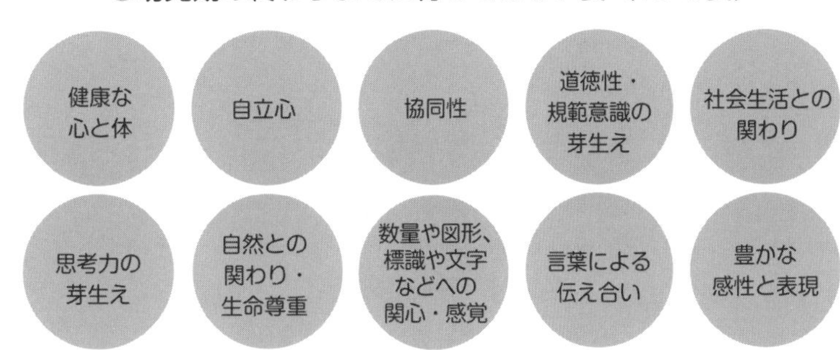


## 視点を定めて読み取ろう

どのような視点から見ると、子どもの姿を丁寧に読み取ることができるのでしょうか。ここでは3つ紹介します。

### ❶5領域

5領域には、「健康」、「人間関係」、「環境」、「言葉」、「表現」があります。幼稚園教育要領や保育所保育指針に示された、「ねらい及び内容」も確認しておきましょう。例えば、「健康」の視点から子どもの姿を読み取るとき、子どもの健康状態はどうか、体を十分に動かして遊んでいるか、基本的な生活習慣の形成はできているか、先を見通した行動ができているか…などと意識して見ていきます。こうすると、ただ子どもの様子を見ていたときには気がつかなかったことにたくさん気がつくでしょう。また、「人間関係」の視点から子どもの姿を読み取るとき、友達や保育者との関わり方はどうなっているか、どのくらいルールを守れるようになっているか、どのように遊びを展開しているか…のように見ていくと、「健康」の視点から見ることで気がついたこととは異なるさまざまな子どもの姿に気がつくでしょう。

### ❷幼児期の終わりまでに育ってほしい姿（10の姿）

「10の姿」は、5領域の活動を通じて、子どもの内面に何が育ってきているかを見る視点で、「健康な心と体」、「自立心」、「協同性」、「道徳性・規範意識の芽生え」、「社会生活との関わり」、「思考力の芽生え」、「自然との関わり・生命尊重」、「数量や図形、標識や文字などへの関心・感覚」、「言葉による伝え合い」、「豊かな感性と表現」があります。

例えば、「数量や図形、標識や文字などへの関心・感覚」の視点から子どもの姿を読み取るとき、子どもは数字に関心を示しているか、どのくらい文字が書けるようになっているか…のように見ていくことで、子どもの姿を丁寧に読み取ることができます。

### ❸ラーニング・ストーリー

最後に、ラーニング・ストーリーという保育を評価する視点です。具体的には、「子どもが何かに興味をもったとき」、「子どもが熱中して取り組んでいるとき」、「子どもがぐっとこらえて乗り越えようとしているとき」、「子どもが自分の気持ちを表現しているとき」、「子どもが自分の役割を果たしているとき」の視点から、子どもの姿を見ていきます。

例えば、「子どもが熱中して取り組んでいるとき」では、いまどのような遊びに夢中になっているか、どうしてその遊びに夢中になっているのか、どうやって遊んでいるか…といった視点で子どもの姿を見ることで、子どもの遊び（遊び方）を丁寧に読み取ることができます。

ここでは３つ紹介しましたが、他にもありますので調べてみてください。どのような方法を使っても、子どもの姿を読み取る際に大事なことは、何となく子どもを見るのではなく、視点を定めて子どもの姿を見ることを忘れないということです。

## 子どもの姿の読み取りを元に計画をたてる

子どもの興味や関心に即した計画を作るためには、２つのことに気をつけるとよいでしょう。

まず、先に説明した子どもの姿の丁寧な読み取りから始めましょう。計画は本来、保育者の頭から出てくるのではなく、子どもの姿から出てくるものなのです。しかし、17ページの保育者M先生のように、つい保育者の視点・立場・願いを優先してしまって、計画が子どもの姿から離れてしまうこともあります。そのような計画は、どれほど丁寧に作られていても、その計画に基づいて入念に準備をしても、子どもがワクワク・ドキドキしながら主体的に活動するような保育にはなりません。だからこそ、計画を作るときは、子どもの姿を丁寧に読み取ることから始めるのを忘れないようにしましょう。

## 「ねらい」と「子どもの姿」をつなぐ「活動内容」を考えよう

次に、「活動内容」を考える際は、「ねらい」と「子どもの姿」をつなぐ（埋める、近づける、縮める）ことを意識しましょう。難しそうに感じるかもしれませんが、みなさんも、これまでに経験があることだと思います。

例えば、体重55kgの人が50kgになりたいとき、5kgダイエットするために、運動したり食事制限をしたりと、さまざまな活動を考えたでしょう。あるいは、英語の試験で前回は60点だった人が、次は90点取ろうと考えたとき、前回よりも30点アップするために、英単語の復習の回数を３回から10回に増やそう、音読を取り入れてみようなどと、30点アップするためのさまざまな方法を考えるでしょう。これらの例では、「ねらい」が50kgや90点、「いまの姿」が55kgや60点、「活動内容」が食事制限や英単語の復習回数を増やすことになります。

子どもの興味や関心に即した計画も同じように考えることができます。「さまざまな体験を通して自信や達成感を味わう。」というねらいをたて、５歳児がいまカブトムシやセミに夢中になっているとしましょう。このとき、子どもの姿だけを見て、画用紙や折り紙を使ってカブトムシやセミを作ろうという保育や、反対に子どもの姿から離れてしまって、段ボール箱のような廃材を使ってクラス全員で力を合わせて大きな電車を作ろうという保育をやろうとしていないでしょうか。「ねらい」と「子どものいまの姿」をつなぐ「活動内容」を考えることが大切です。例えば、子どもの興味や関心に合わせて、みんなでカブトムシやセミの成長過程や飼育方法を調べて発表し合うというような活動にすれば、この活動のなかでさまざまなつまずきや葛藤、友達との対話や自分なりの工夫を経験しながら最後にみんなの前で発表することで、自信や達成感を味わうことになるでしょう。

## エピソード もし、子どもの興味に沿っていない保育だったら？

### 事例

保育者M先生は、明日の保育はいろいろな動物の動きをするリズム体操をしようと、入念に準備を行いました。導入では、動物の絵本を読もうと、絵本を事前に選び、また、活動場所としてホールを選びました。狭い保育室だと怪我の危険性があり、園庭だと他の遊具に気を取られてしまうと考えたからです。準備はバッチリのはずでした。

しかし、当日の子どもたちは退屈そうにするばかりで、楽しい時間になりませんでした。

### 解説

動物のリズム体操が盛り上がらなかったのは、子どもの興味や関心に即していなかったからだと考えられます。

その日の保育の振り返りの会議でM先生が先輩の保育者から聞かれたことは、「ここ数日、子どもたちが夢中になっていたことは何だったの？」でした。思い返してみると、子どもは昆虫や指先を使う遊びに夢中になっていたことに気がつきました。M先生が設定した「動物」や「リズム体操」は、子どもたちが夢中になっていることとは離れてしまっていたのです。

子どもの姿を丁寧に読み取り、興味や関心がどこにあるのか探しましょう。そして、そのうえで、子どもたちがワクワク・ドキドキしながら主体的に取り組める遊びを設定することが大切なのです。

PLAN（計画）のポイント❷

# 計画同士のつながりを意識する

計画がバラバラだと、保育もバラバラに!?
そうならないよう、つながりのある指導計画を作るコツを紹介します。

## 長期・短期 両方の計画が大切！

PLAN（計画）のポイントの２つ目は、計画同士のつながりを意識することです。園では、全体的な計画、年間計画、月案、週案、日案など、さまざまな計画が作られています。このように、多様な計画が必要なのは、全体的・長期的に保育を考えていくことが大切であるのと同時に、全体像を把握しながら、短期間の保育を丁寧につなげていくことも重要だからです。保育がつながるということは、子どもの育ちがつながるということでもあります。

再度、試験勉強の例で考えてみましょう。みなさんは、１か月後に試験があるとき、どうやって試験勉強をしましたか？　計画をたてずに見切り発車で勉強したときは、試験結果は好ましくなかったのではないでしょうか。一方、まず試験範囲を確認して１か月でどこまで勉強する必要があるかを把握し、次に、各週に勉強すべきことをバランスよく配置。そして、例えば、第１週の月曜日は英単語を１時間覚えて、そのあと読解問題に２時間取り組もうなどと、長期の計画を見据えながら毎日の細かな計画を作った場合は、よい結果が出たことでしょう。

## 計画の一貫性が 保育の一貫性につながる

保育も試験勉強と同様に、長期・短期の両方の計画が欠かせません。「毎日の保育を積み上げていけば、よい保育になる」と思うかもしれませんが、保育では全体を見ながら、毎日の保育をつなげていくことでよい保育になります。

例えば、５月にこいのぼりの製作活動をするのなら、製作活動を行う１日の保育のことだけ考えるのではなく、週全体の絵本やリズム体操の活動も「魚（コイ）」というテーマで統一すると、保育につながりが出てきます。また、月案や週案のねらいが「植物や食材を通して秋の自然に親しむ。」なら、製作活動を行う際も何となく素材を選ぶのではなく、落ち葉やドングリなどの秋ならではの素材を使うことで、月案や週案のねらいに即した保育になります。

保育をぶつ切りにしないようにするためには、常に保育を全体から見るという意識が重要になります。そのために、全体を大きく見通す年間計画や月案、直近の子どもの生活や育ちを踏まえた週案や日案が必要なのです。さまざまな計画と計画がきちんとつながっていることが重要です。年間計画のねらいと月案や週案のねらいがバラバラでは、計画に一貫性がなく、保育も一貫したものになりません。

## コツは、「少しずつ具体的にすること」

では、どうしたらつながりのある指導計画が作れるのでしょう？　そのコツは、「長期の計画に含まれるねらいや活動を、短期の計画のなかで徐々に具体的にしていくこと」です。

旅行を例に考えてみましょう。仕事に疲れたので少し休みたい、そのために熱海に旅行すると考えてみてください。このとき、旅行の全体の目的は「体をゆっくり休める」です。しかし、この目的だけでは、曖昧で行動に移しにくいですね。そこで、この目的をもう少し具体的にしてみます。どうすれば「体をゆっくり休める」という目的を達成できそうか考えてみましょう。すると、「温泉に入って体を温める」、「新鮮な空気を吸って気持ちをリフレッシュする」、「その地域ならではの食材を味わう」…のような目的が見えてくるはずです。ここまでくると、例えば、「その地域ならではの食材を味わう」を達成するためには、「宿泊先の夕食を地元の食材を使った料理に変更する」、「旅館の近くにある漁港で買った新鮮な魚を使って調理してくれるお店で朝ご飯を食べる」、「地元の名産のアジの干物を買って帰る」というように、具体的な行動が見えてきますね。

同様に、保育の指導計画で考えてみましょう。３歳児の４月の月案のねらいが「園での生活のリズムや流れを知る。」であるとき、週案の中で１週から４週で何をどうすれば「園での生活のリズムや流れを知る。」を達成できるでしょうか？

１週目のねらいとしては、「友達や担任の名前を覚える。」、「自分の持ち物を片づける場所を覚える。」などが考えられるでしょう。月案のねらいを週案で具体的にすると、そのために必要な保育者の援助や活動内容も見えてきます。例えば、保育者は積極的に子どもの名前を呼ぶ、自分のことを「先生はね」ではなく「かずよ先生はね」と言う、みんなの前で子どもが名前を言う時間をつくる、のような活動内容が考えられます。

月案は月案、週案は週案とバラバラに考えるのではなく、計画と計画のつながりを意識することが重要です。そのためのコツが、「少しずつ具体的にしていく」なのです。

**月案のねらい**

**●4月のねらい**
園での生活のリズムや流れを知る。

**具体的にする** →

**週案のねらい**

**●第1週のねらい**
友達や担任の名前を覚える。
自分の持ち物を片づける場所を覚える。

**●第2週のねらい**
園庭や保育室にある遊具やその使い方を理解する。

**●第3週のねらい**
食事や排泄（はいせつ）のタイミングを理解する。

**●第4週のねらい**
園での1日の過ごし方がわかり、自分から進んで行動できるようになる。

# 計画同士のつながりを確認しよう！

つながりのある指導計画のコツは、少しずつ具体的にしていくこと。
５歳児10月の計画を例に、どのように具体的になっていくのか見ていきましょう。

## 年間計画（5歳児）

**ねらい**

●季節特有の自然に興味や関心をもち、遊びに取り入れて楽しむ。

**活動内容**

●季節特有の植物や昆虫を園庭でみつけたり触れたりする。

**POINT**

具体化のコツは、年間計画でのまとまった表現をくわしく、細かく、イメージできるようにしていくことです。年間計画にある「季節特有」とは、いつの時期のことでしょうか。これは10月の月案なので、月案では「季節」を「秋」とします。

**ねらい**

●共通の目的の達成に向けてそれぞれの役割を果たし、達成感を味わう。

**活動内容**

●自分や友達のよさを認め合いながら自分の役割を果たす。

**POINT**

具体化のもう１つのコツは、年間計画のねらいと活動内容を実現するために何が必要かを考えることです。ここでは、まず自分の役割を理解して遊ぶこと(ねらい)が必要です。そして、そのためには役割がわかるごっこ遊びやルールがある遊びを体験すること(活動内容)が必要です。

## 月案（10月）

**ねらい**
●秋に特有の自然に触れ、さまざまな遊びに取り入れる。

**活動内容**
●秋に特有の植物や食材に触れる。

**POINT**
月案では1か月で達成したいねらいと活動内容が書かれています。そこで、それを4週に分けます。4週間のねらいと活動内容を積み上げることで、月案のねらいと活動内容につながるようにします。

**ねらい**
●それぞれの役割を確認し合って遊びを楽しむ。

**活動内容**
●ごっこ遊びやルールのある遊びのなかで自分の役割を理解して遊ぶ。

**POINT**
ここでは、ねらいは毎週異なったものを提示していますが、ねらいを達成するのに2週間かかることが予想されるのなら、2週間同じねらいを設定してもかまいません。

## 週案

**ねらい　第1週**
●身の回りにある秋の自然物をみつけて遊びに取り入れる。

**活動内容　第1週**
●園庭にある落ち葉や木の実を集めて製作活動を行う。

**ねらい　第2週**
●秋ならではの行事や活動に参加して親しむ。

**活動内容　第2週**
●サツマイモを収穫して食べる。

**ねらい　第3週**
●自分の気持ちを伝えたり友達の意見を尊重したりしながら遊びを決める。

**活動内容　第3週**
●ドッジボールやサッカーをして遊ぶ。

**ねらい　第4週**
●自分の役割を果たすという達成感を味わう。

**活動内容　第4週**
●運動会で発表するソーラン節を踊って楽しむ。

Do（実践）のポイント

# 基本を大切に実践しよう

計画ができたら、いざ、実践！　DOの基本的な考え方を確認しながら、
保育が計画通りに進まないときの対応を見ていきましょう。

## 子どもの主体性を大切に！

保育を行う際は、養護を基盤とした教育を意識しましょう。具体的には、子どもの安全と安心を守りながら、５領域を踏まえた関わりや援助をしていくということです。

一人で洋服を着替えることができるようになった、箸を上手に使えるようになった、文字を書けるようになったというような、子どもたちの成長を見るととても嬉しくなります。しかし、保育は子どもが何かができるようになることを目指して行うものではありません。保育者が用意した環境を通して、子ども自身がさまざまなことに主体的に取り組むことで、さまざまな力が自然と身についていくようにする、できるようになっていくことが重要です。そのためには、２つのことが大事です。

### ❶安心・安全な園生活にする

１つ目は、子どもが安心して安全に生活したり遊んだりできるようにすることです。

子どもには、知らないことやわからないことがたくさんあります。そのような体験をすると、心配や不安になります。そのとき、みなさんが「大丈夫だよ」、「先生も見ているからね」と声をかけたり、子どもに目配りしたりすることで、子どもはほっと安心します。こうして子どもは未知のことに対しても積極的に取り組むようになります。強制されたり押し付けられたりしたものではなく、自分自身で選択して積極的に取り組むからこそ、さまざまな力を自然と身につけることができます。

### ❷子どもが楽しいと感じる環境をつくる

2つ目は、子どもが楽しいと感じるような環境をつくることです。子どもは「楽しい！　おもしろい！　不思議だな！」という前向きな感情をもっているときにこそ、多くのことを学ぶことができます。

5領域を踏まえた関わりや援助をする際は、「食事の前は手を洗いなさい！」、「こうすればできるよ！」というように、強制したり答えを教えたりするのではなく、みなさんが子どもと一緒に歌いながら手を洗ったり、子どもと一緒になって考えたりすることで、子どもがワクワク・ドキドキしながら活動できるように工夫していきましょう。

なお、養護というと保育所をイメージすることが多いかもしれませんが、幼稚園でも保育所と同様に養護を基盤とした教育をすることが重要です。

## 計画通りに活動が進まないときは？

さて、PLANのポイントをしっかりと意識して指導計画を作成しても、実践してみると、計画通りに進まないことがたくさん出てくるものです。そんなときは、計画通りに活動しようとこだわる必要はありません。

保育は、指導計画をこなすためではなく、子どもの育ちを支えるために行うものです。計画していたことと子どもの興味や関心が合わないときは、計画通りに「させる」のではなく、子どもに合わせるようにしましょう。計画の立案においても、保育の実践においても大切なのは、子どもの興味や関心がどこにあるのか常に意識し、子どもの姿から考えることなのです。

計画していた活動ができない場合は、翌日・翌週・翌月のどこかで調整することを考えてみましょう。

保育者の願いとして、どうしても子どもたちに経験してほしいということもあるでしょう。そのときは、他にやり方はないか考えてみましょう。24ページの事例のこいのぼり製作などは、別の季節に行うことは、なかなか難しいかもしれません。しかし、工夫次第で、別の季節でもこいのぼりについて知る活動が展開できます。例えば、こいのぼりであれば、「日本の祝日を調べてみよう」という活動をすれば、こどもの日との関係でこいのぼりを学ぶ機会は出てきます。あるいは、冬にひな祭りの製作活動をする前に「春夏秋冬の行事をまとめてみよう」という活動をすれば、こいのぼりを学ぶ機会にもなるでしょう。

実践が計画通りに進まないときほど保育者の腕の見せどころであり、成長するよい機会でもあるのです。保育者が創意工夫をこらして、子どもたちがワクワク・ドキドキしながら主体的に関われる活動を展開していきましょう！

## エピソード　計画とは違うものに子どもが夢中になったら？

## 事例

4月下旬。4歳児クラスを担当するA先生は、こいのぼり製作をしようと考えました。計画では、導入として園舎の裏庭の池にいる実物のコイを見て、画用紙や折り紙でこいのぼりを作り、完成した作品を保育室に飾ろうと思っていました。

しかし、実物のコイを見た子どもたちは、魚の生態や特徴にとても興味をもったようです。「なぜコイは、A先生が手を叩いて呼ぶ合図に気づくのか」、「コイは音を聞く耳があるのか」、「なぜコイは水中で生活できるのか」、「コイは何を食べて生きているのか」…とつぎつぎ疑問を口にし始めました。

A先生は、「子どもが興味や関心をもっていないことをしても、子どもには届かないよ」という園長先生の言葉を思い出しました。そこで、こいのぼりの製作活動はいったん中止にして、まず絵本や図鑑で人間と魚の呼吸の仕方や魚の体の特徴について調べることにしました。

翌日、魚に夢中になった子どもたちのために、スズランテープや青いビニールシートを使って保育室を水中に見立てて、みんなで魚の動きを楽しみました。

事例出典：浅井拓久也『活動の見える化で保育力アップ！ドキュメンテーションの作り方&活用術』(明治図書出版)

## 解説

計画の立案においても、保育の実践においても大切なのは、子どもの興味や関心がどこにあるのか常に意識し、子どもの姿から考えることです。

子どもたちは、こいのぼりを作ることではなく、生き物のコイに夢中になっています。A先生は、こいのぼり製作をいったん中止して、子どもたちと絵本や図鑑で人間と魚の呼吸の仕方や魚の体の特徴について調べたり、近所の川や水族館に行って、魚を観察したりしました。このような保育は、子どもたちの興味や関心に即した活動になるため、好奇心や探究心を刺激し、楽しみながら学ぶようになります。

このように、A先生が計画とは異なる活動へと柔軟に変更できたのは、子どもの興味や関心に注意を向けていたからです。子どもたちは、本物のコイを見て、「なぜコイは手を叩く合図に気づくのか」など、さまざまな疑問を口にしています。子どもの興味や関心を踏まえた活動を展開することで、さまざまな角度からコイの特徴について主体的に考えていくでしょう。

また、子どもの興味や関心から、保育をさらに広げることもできます。例えば、コイにエサを与えるための手を叩く合図から、「社会のなかの合図にはどんなものがあるのか」、「もし自分たちだけの合図を作るとしたらどのようなものができるか」という保育へ展開してもよいでしょう。さらに、「近所の池や川にはどのような魚がいるか」、「なぜ近所の川には魚が少ないのか」を考えたり調べたりする活動も考えれられます。こうした活動は、社会のルールや規則の意味や意義、海や川のような自然の大切さや生命の多様性を学ぶ機会となるでしょう。

CHECK（振り返り）のポイント

# 自分の保育を振り返ろう

実践したら、やりっぱなしにせず、必ず保育を振り返ります。
どのように振り返ればよいのでしょうか？

## 保育を振り返る方法

保育を行った後は、必ず振り返りが必要です。保育がうまく進んだときも、そうでないときも、保育を丁寧に振り返ることでよりよい保育へ改善するための課題やヒントを得ることができます。

では、どのように振り返ればよいでしょうか。保育者によってやり方はさまざまですが、ここでは＜どこに問題があったか＞、＜なぜそのようになったか＞、＜どうしたらよくなるか＞の３つを考える方法を紹介しましょう。

### ❶どこに問題があったか

**→計画と実際の保育を比較する。**

まず、保育を行う前に作った指導計画と実際の保育を一つひとつ比べて、計画通りに進んだところとそうではないところをみつけましょう。「問題」という言葉には、「悪いところ」というイメージがありますが、うまく進まなかった「悪いところ」だけではなく、保育の最中に気になったところや違和感を抱いたところも、よい保育につながるヒントになることがあるので見落とさないようにしましょう。

### ❷なぜそのようになったか

**→さまざまな角度から原因を考える。**

次に、「なぜうまく進まなかったのか？」「なぜ違和感を抱いたのか？」…というように、「なぜ？」と考えてみましょう。

用意した材料に子どもが興味を示さなかった場合、「次は子どもがワクワクするものを用意しよう」と考えるのではなく、「なぜ子どもはその材料に興味を示さなかったのだろう？」、「そもそも、なぜその材料を用意しようと思ったのだろう？」とさまざまな角度から原因を丁寧に考えることが、よりよい改善につながるきっかけになります。

### ❸どうしたらよくなるか

**→さまざまな解決方法を考える。**

最後に、どうしたらその問題を解決できるか、次の保育では何に気をつければよいかを考えましょう。どうやって遊ぶかを想像しないまま、何となく材料を用意していたことから子どもが興味を示さなかったとわかったのなら、「次は材料を用意する前に子どもがどうやって使うか想像してみよう」、「日頃からどのようなものを使って遊んでいるか観察してみよう」…というように、どうすれば問題を解決できるか考えましょう。

## みんなで保育を振り返ろう

ここまでは、自分一人で保育を振り返る方法を紹介しましたが、保育を振り返るうえで、客観的な視点はとても重要です。

みなさんは友達と一緒に映画を見に行ったり旅行に行ったりしたことがありますよね。そのときの感想や思い出を話し合うと、着眼点や感じ方がそれぞれ違っていて、驚くことがあると思います。私たちは、みな感じることや見ていることがさまざまで、違いがあります。保育を振り返るとき、一人で保育を振り返るだけではなく、複数の保育者で振り返ることで多様な視点から保育を振り返ることができ、たくさんのヒントを得ることができます。自分一人で保育を振り返るだけではなく、同僚の保育者と一緒に振り返るとよいでしょう。このとき次の2つのことに気をつけましょう。

### ❶批判や否定をしない

保育を語り合うときは、保育者自身が楽しく、おもしろくなくてはなりません。「でもさ」「いや」のような否定や批判につながる言葉は使わないようにします。新人保育者には、新人だからこその気づきがあります。職位や経験年数にかかわらず、お互いの気づきや発見を認め合いましょう。

### ❷何気ない会話や時間を大切に

振り返りは、静かな環境でじっくりと行うときも、職員会議で話し合いながらするときもありますが、ちょっとした立ち話や着替えをしている最中の何気ない会話でも行うことができます。むしろ、「ちょっとした」「何気ない」雰囲気の中でこそできる振り返りもあるものです。「今日は会議があるから丁寧に振り返りをしよう」と考えるのではなく、保育者として行動しているあらゆる時間のなかで振り返りをするよう心がけましょう。

よい振り返りをするためには、園内のよい雰囲気、保育者同士のお互いを認め合う関係が重要になります。日々の保育を通して、職員それぞれのよさを認め合い、協力し合い、尊敬し合うことが大切なのです。

ACTION(改善)のポイント

# 一歩ずつ柔軟に改善しよう

改善点が多過ぎて、どうしたらいいかわからない!?
一度に全てを改善できなくても大丈夫。一歩ずつ進めることが大切です。

## 一度に全部改善できなくてもOK!

保育を振り返った後は、振り返りの中でわかった改善点を、次の保育に生かしていきます。保育についていろいろと考えたり話し合ったりすることは楽しいのですが、そこで終わらずに、次の保育に生かしていくことが重要です。

さまざまな視点から振り返りをすると、いくつかの改善点が見えてくるでしょう。このとき、あれもこれもと一度に全部を改善しようとしないことです。もちろん、無理なくできるのならよいですが、時間・もの・人に限りがあるため、一度に全部を改善することは難しいでしょう。

制限がある中でできることで、子どもの育ちにとって重要なことから1つずつ確実に改善していけばよいのです。こうした地道でも確実な一歩の積み重ねによって、保育がよくなっていきます。

## すぐに効果が出なくても焦らない

保育を振り返り、改善した結果を、次に計画を作る際に生かしていきます。もちろん、保育を改善した結果がすぐに表れるとは限りません。保育を変えてみても、子どもの反応は変わらないこともあるでしょう。それは、子どもの気持ちや様子は保育者の関わりや援助だけではなく、その日の体調や気分、前日の出来事など、さまざまな要因によって影響を受けるからです。ですから、保育者が保育を変えただけで、子どもがよい反応をするとは限りませんし、その保育のよさ（効果）が後になってじわじわ出てくることもあります。ですから、「保育を改善しても意味がない」と諦めてしまうのではなく、PDCAサイクルを意識し続けていきましょう。

## 柔軟に考えることが大切！

ところで、みなさんは保育所保育指針やその解説を読んだことがありますか？　保育所保育指針は、保育のガイドブックのようなものですが、内容をくわしく説明した解説もあります。保育所保育指針解説には、次のようなことが書かれています（下線は筆者）。

【子どもに計画通り「させる」保育ではなく、その時々の子どもの状況や遊びの展開に応じて環境を適宜変えていくなど、保育士等の適切な判断の下、保育が柔軟に行われることが求められる。】

（出典：厚生労働省「保育所保育指針解説」）

保育は、いまの子どもの姿に即して柔軟に変えていく・改善していくことが重要です。なぜなら、保育の目的は計画をこなすことではなく、子どもの育ちを支えることだからです。

では、保育を柔軟に変える・改善するという場合、何に気をつければよいのでしょう。計画では製作活動をする予定だったのに子どもが「散歩に行きたい」と言う場合、保育を柔軟に変えるというのは、子どもの言うままに散歩に行くことでしょうか？

柔軟な保育とは、子どもとの対話や保育者の想像力と創造力を通して実現できるものです。なぜ製作活動が嫌なのか、どうして「散歩がいい」と言うのかを、子どもとの対話を通して保育者が想像します。このとき、「わがままだな、言うことを聞けない子だな」と考えるのは禁物。子どもの言動には必ず理由があります。それを想像することが重要です。

子どもとの対話を通して、製作活動そのものではなく素材に関心がないこと、いま公園や園庭の植物に興味があることがわかったら、保育のねらい・活動時間・できることとできないことなどを考え、子どもに提案することを創造力を働かせて考えます。例えば、「散歩に行く時間はないけれど、製作活動の前に園庭で花や小枝を子どもと一緒に集めて、これらを使って製作をしよう」…というように。

柔軟な保育というのは、保育者が一方的に「こうします！」と押し付けたり強引に計画通りの展開にしたりすることでも、子どもの言うままにするだけでもありません。子どもとの対話、想像力と創造力によって生み出されるものなのです。

## PDCAサイクルを意識して保育をブラッシュアップ！

ここまで、PDCAサイクルの説明をしてきました。PDCAサイクルは、P→D→C→Aの順番通りに進むとは限りません。振り返りと保育の改善を何回も繰り返したり、保育の振り返りと改善を同時に進めながら計画を作ったりすることもあります。大事なのは、保育をする際に常にPDCAサイクルを意識することです。

自分はいまPDCAサイクルの何をしているのかを常に意識し、保育をよりよくしていきましょう。

おさらいしよう

# カリキュラム・マネジメント

## 職員全員で取り組もう！

カリキュラム・マネジメントとは、「園内のさまざまな計画のバランスをとって、全職員で確実に計画を実行する」ということです。保育の中でカリキュラム・マネジメントを生かしていくためには、次の３つのことが大事です。

１つ目は、保育には全体的な計画や指導計画、（幼稚園や認定こども園には）教育課程がありますが、こうしたさまざまな計画のバランスをとることです。例えば、幼稚園にはいわゆる預かり保育があり、その預かり保育の計画もあります。教育課程の時間で、たくさん体を使う遊びをした後、預かり保育の時間でも激しい運動をしたとしたら、子どもは疲れてしまうでしょう。教育課程で運動をしたのなら、預かり保育では絵本を読んだり、製作活動を楽しんだりするなど、ゆったりとした活動にすると、子どもの心身を整えることができます。さまざまな計画があるからこそ、それぞれの計画のバランスをとることが重要です。

２つ目は、こうした計画を考え合ったり、作ったり、バランスをとったり、実行する際は、全職員で取り組むことです。幼稚園では教育課程の時間は常勤の職員、預かり保育の時間は非常勤の職員ということがよくありますから、意思疎通が十分ではないこともあります。また、教育課程の時間でも自分が担任をしている学年以外のことはわからないというのでは、子どもの育ちの連続性を保障することができません。

園全体を見て保育を行うことは、とても大切なことですから、全職員でカリキュラム・マネジメントに取り組んでいきましょう。

３つ目に、必要な人やものを用意することです。どれほど素晴らしい計画を作り、計画のバランスをとっても、必要な人やものがそろっていなければ、計画を確実に実現することは難しいでしょう。人やものの手配も重要になります。

## 第2章

# 実践してみよう！

“デキる保育者”は、月案から週案を作るとき、
どんなことを考え、どんなふうに反映させているのか見ていきましょう。
計画同士のつながりにも注目です！

# 第2章の特長と使い方

まず、34～39ページで計画同士のつながりをつかんだ後、
40～69ページでは、月案から週案を作る流れを見ていきましょう。

## Step 1 月案から週案を考え始める

**週案作成にあたっての思い**

週案を作成する際に、デキる保育者がどんなことを考えるか紹介します。月案中の❶～の番号は、「週案作成にあたっての思い」の番号に対応しています。同じ番号を追っていくと、項目同士のつながりがわかります。

**考え方の大まかな流れ**

月案を見てどんなことを考えるか、大まかな流れを確認していきましょう。

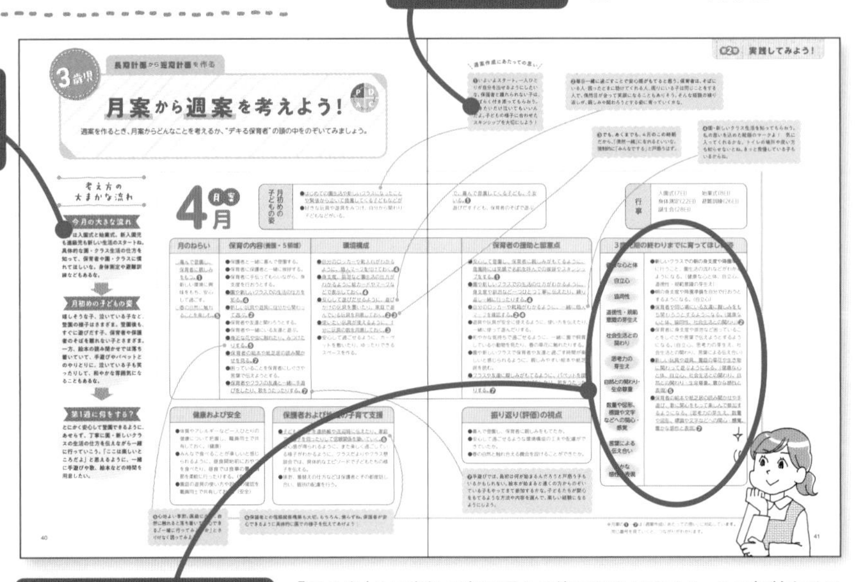


**○歳児期の終わりまでに育ってほしい姿（10の姿）**

「10の姿」は5歳児で急に現れる姿ではありません。その年齢なりの「10の姿」に関する育ちがあります。ここでは、月案中の活動を経験した子どもたちに、月末にどんな育ちが見られるか、保育者の願いや予想を記入しています。

## Step 2 第1週の週案を作る

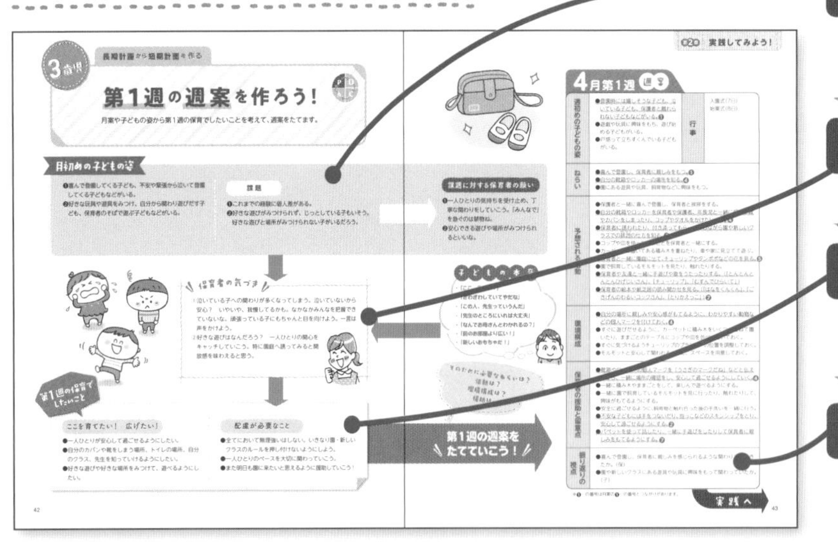


**先月末の子どもの姿**

子どもの姿や課題・保育者の考える願いを紹介しています。子どもたちの思いも推察しています。

**保育者の気づき**

子どもの姿や本音から、保育者はどんなことに気づいたのでしょうか？

**第1週の保育でしたいこと**

「保育者の気づき」を受けて、第1週に育てたいことや配慮が必要なことを取りあげます。

**第1週の週案**

「第1週の保育でしたいこと」を実現するための週案を考えます。

## Step 3 第1週の活動を実践する

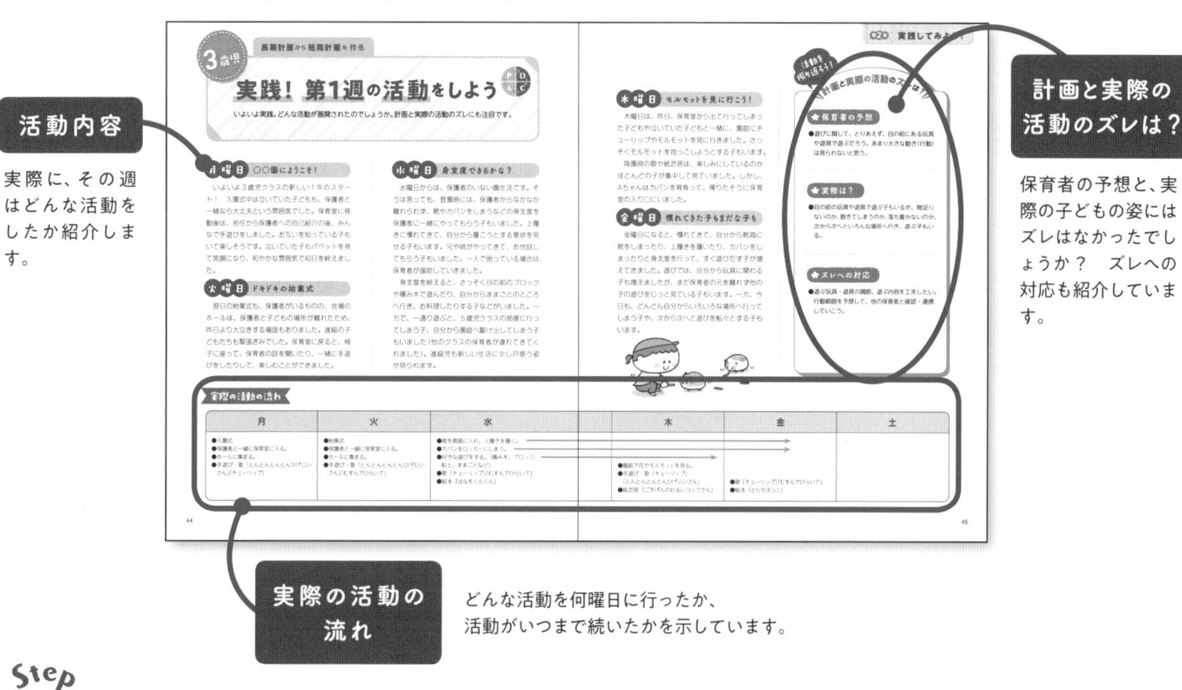


## Step 4 第2週の週案をブラッシュアップ！

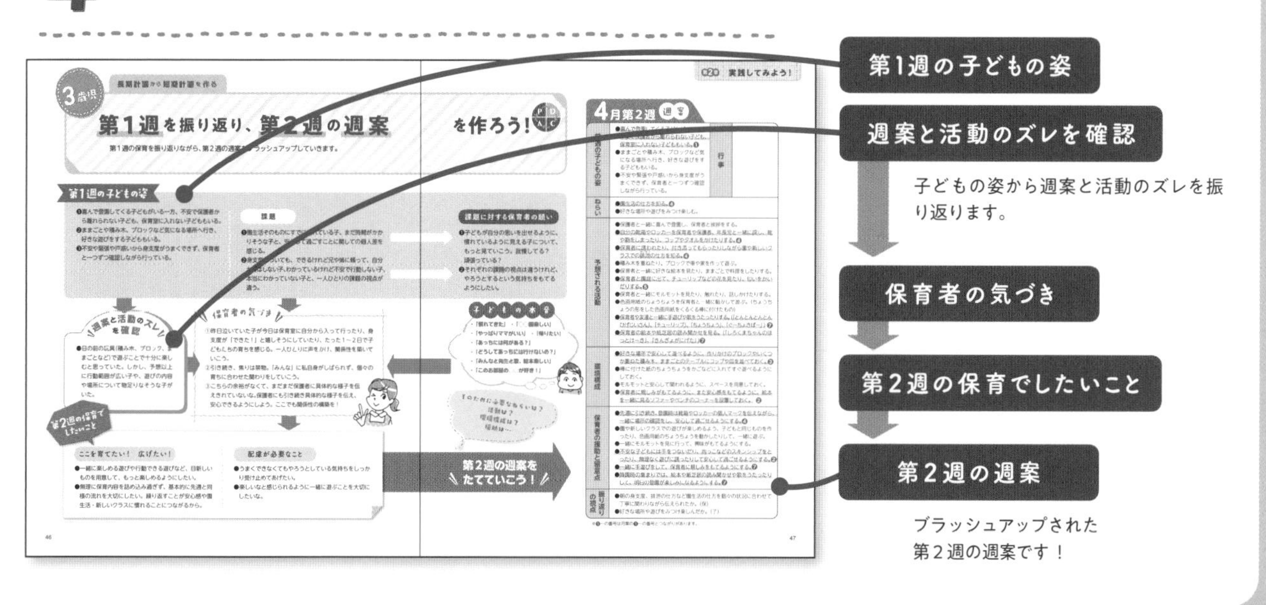

長期計画と短期計画のつながり

# 計画同士のつながりを見よう！

実際の指導計画を見ながら、年間計画→月案→週案のつながりを確認しましょう。
同じ番号や同じアルファベットを追っていくとつながりがわかります。

**3歳児**

**年間計画**

| 年間目標 | ◎保健的で安全な環境をつくり、一人ひとりの子どもの生理的な欲求を満たしたり心の欲求を受け止めたりし、快適に過ごせるようにする。 | 3歳児期の終わりまでに育ってほしい姿 |
|---|---|---|
| 年間区分 | 1期（4～5月） | 2期（6～8月） |
| ねらい | ○喜んで登園し、保育者に親しみをもつ。<br>○**園生活の流れを知り**、園の生活リズムに**慣れる**。Ⓐ①<br>○園の**遊具や玩具に興味をもち、自分から遊ぼうとする**。Ⓑ②<br>○身近な動植物や自然に興味をもつ。 | ○**簡単な身の回り**の始末を自分でしようとする。①<br>○遊びや生活を通して、約束やきまりがあることを知る。<br>○**自分の好きな遊びを十分に楽しみながら**、友達のしていることにも**興味を示す**。②<br>○水や砂の感触を楽しみながら、全身を動かす遊びに興味をもつ。 |
| 内容 養護 生命・情緒 | ○環境の変化から情緒が不安定になりやすいので、発達状態を把握し、安心して生活できるようにする。<br>○できることはありのまま受容し、見守りながら自信につなげていく。 | ○梅雨期、夏期の環境保健に十分留意し、快適に過ごせるようにする。<br>○保育者との信頼関係のなかで、自分の気持ちや考えを安心して表すことができるようにする。 |
| 内容 教育 健康 | ○**新しい生活の仕方を知る**。Ⓐ<br>○保育者の手助けにより、食事、排泄（はいせつ）、手洗い、午睡など、身の回りのことを少しずつ自分でしようとする。 | ○保育者の手助けを受けながら、身の回りのことを自分でしようとする。<br>○身近な生活用具などの正しい使い方を知り、興味をもって使う。<br>○夏野菜の生長や収穫を喜び、収穫した野菜を食べることで食物に関心をもつ。 |
| 内容 教育 人間関係 | ○室内や戸外で安心して**遊具や玩具を使って遊ぶ**。Ⓑ<br>○**自分のクラスがわかり**、保育者や友達に慣れて生活や遊びをする。Ⓐ | ○自分で好きな遊びをみつけたり、保育者や気の合う友達と遊びを楽しんだりする。<br>○保育者が仲立ちとなり、異年齢の友達との触れ合いをもとうとする。<br>○生活や遊びのなかで、簡単なきまりや約束を守ろうとする。 |
| 内容 教育 環境 | ○身近な自然に興味や関心をもち、**親しむ**。Ⓒ<br>○**土、砂、粘土**などの**感触を楽しむ**。Ⓒ | ○**砂、水、泥**遊びなど、自然に触れ、**感触を楽しみながら遊ぶ**。Ⓒ |
| 内容 教育 言葉 | ○挨拶や返事など**生活に必要な言葉を使う**。Ⓐ<br>○したいことやしてほしいことを保育者に表情や言葉で伝えようとする。 | ○保育者や友達と……とりを楽しむ。 |
| 内容 教育 表現 | ○みんなと一緒に知っている歌をうたったり、手遊びをしたりする。 | ○絵本や紙芝居を…… |
| 環境構成◆ 配慮事項◇ | ◆室内は**家庭的な雰囲気をつくり**、子どもたちの**興味に合わせた環境**を整え、**自由に使えるように**にし、**安心して過ごせるようにしておく**。Ⓑ<br>◇一人ひとりの気持ちをしっかり受け止め、安心して生活できるようにする。 | ◆気温に合わせて水遊びやプール遊びが安全に楽しめるよう場や遊具を整えておく。<br>◇遊びへの興味が広がるように、誘ったり他の子どもとの仲立ちをしたりする。また、水遊びやプール遊びの約束事を伝え、安全面に配慮する。 |
| 家庭・地域との連携 | ○園での様子を話したり、家庭での様子を具体的に伝え合ったりしながら、信頼関係を築いていく。<br>○行事などを通して子どもの様子を見てもらい、頑張っていることを十分にほめてもらう。 | |

**つながりポイント Ⓐ 園生活の流れを知る**

ねらいの「園生活の流れを知り」を達成するための具体的な活動が「内容」の各項目に示されています。

**つながりポイント Ⓑ 安心して過ごす**

「安心して遊ぶ」ために必要なことは何でしょう？「家庭的な雰囲気」や「興味に合わせた環境」が必要ですね。また「自分から遊ぼうとする」ためには、もちろん「自由に使える」ことが必要になります。

**つながりポイント Ⓒ 自然に親しむ**

「親しむ」つまり、「気になるな」という環境への関心から始まり、「感触」を楽しんで、それを遊びとして楽しむようになるという環境への関わり方の変化が見えてきます。また、季節による自然素材の変化も読み取れますね。

## ① 成長が見える期と期のつながり

新入園児にとっては、はじめての園生活。進級児にとっても、はじめての3歳児クラスです。そんな子どもたちの生活は、まず、「知る」「慣れる」ことから始まります。そして、「簡単な身の回り」という目の前のことにチャレンジし、次第に「日常生活全般」、「基本的生活習慣」へと、期を追うごとに自ら取り組む内容が広がっていくことがわかりますね。

＊48･49ページにこの年間計画の全文を掲載しています。

## ② 少しずつ広がっていく世界

まずは、自分がやりたいこと、関わりたいことを十分に楽しみます。そして、身近にいる保育者や友達、好きな友達との積極的な関わりへと、少しずつ関わる世界が広がっていきます。ねらいの変化からも、このことがわかります。

●生活の流れがわかり、自分でできることは自分でしようとする。
●みんなから認められることに、喜びを感じる。
●保育者の仲立ちのもと、友達と思いを伝え合って遊ぼうとする。
●友達との関わりを徐々に深めながら簡単なルールのある遊びを楽しむ。
●地域の人と親しみをもって関わる。
●身近な環境に関わり、気づいたり感じたりして遊ぶ。
●身近な動植物をはじめ、自然現象をよく見たり触れたりして、驚き親しみをもつ。
●身の回りのものの色、量、形などに関心をもち、分けたり集めたりする。
●経験したことや感じたことを自分なりの言葉で保育者や友達に伝えようとする。
●友達と一緒にイメージを広げたり、見立て遊びを楽しんだりして遊ぶ。

| 3期（9～12月） | 4期（1～3月） |
|---|---|
| ○戸外でのびのびと体を動かして遊ぶことを楽しむ。<br>○経験したこと、感じたことを自分なりに表現する。<br>○**日常生活のなかで**自分でできることは自分でしようとする。①<br>○保育者や**友達と一緒に**生活することを**楽しみ**、話したり、聞いたり、会話を**楽しんだり**する。②<br>○季節の移り変わりを感じ、自然物に触れて遊ぶことを楽しむ。 | ○**基本的生活習慣**が身につき、安定した**生活ができる。**①<br>○**友達と**遊んだり、話したり、うたったりすることを**喜び**、**一緒に活動**しようとする。②<br>○大きくなる喜びと進級に対する期待をもって生活する。 |
| ○自分でしようとする姿を認め、自分でできたことに満足感がもてるようにする。<br>○季節の変化に応じて、保健的で安全な環境をつくり、快適に生活できるようにする。<br>○子どもの気持ちを大切にし、一人ひとりの成長を認め自信をもって生活できるようにする。 | ○気温差に留意し、室温、湿度、換気に配慮し健康に過ごせるようにする。<br>○一人ひとりの成長を認め、自信をもって生活できるようにする。 |
| ○簡単な身の回りのことがほとんど自分でできるようになる。<br>○食事のマナーに気をつけ、苦手なものや嫌いなものでも少しずつ食べようとする。 | ○生活の流れがわかり、自分から進んで身の回りの始末をする。<br>○全身を使った遊びを十分にして、寒さに負けず戸外で遊ぶことを楽しむ。 |
| ○簡単な約束やきまりを守りながら、友達と一緒に遊びを楽しむ。<br>○行事を通して、地域の人や異年齢児との触れ合いを楽しむ。 | ○異年齢の友達と関わり、<br>進級を楽しみ<br>○保育者の手 |
| ○身近な自然に触れ、関心をもって遊ぶ。<br>○気づき、驚き、発見などを自分から言葉で伝える。 | ○伝統的<br>○冬の自然 |
| ○自分の気持ちや困っていること、してほしいことなど保育者に自分なりの言葉や方法で伝えようとする。<br>○絵本や童話などからイメージを広げたり、登場人物になったりして、遊びを楽しむ。 | ○うれしい<br>いたりす |
| ○遊具や用具を使って運動遊びや体操、リズム遊びなどを楽しむ。<br>○音楽に親しみ聞いたりうたったり、楽器を鳴らしたりして楽しむ。 | ○友達と一緒に身近な素材<br>○保育者の仲立ちのもと、自分の 楽しく遊ぶ。 |
| ◆戸外で元気に体を動かしたり、季節の移り変わりに関心がもてるような環境を整えたりする。<br>◇遊びのなかで自分なりの動きを出したり、友達と同じ場にいるうれしさを感じたりできるように、個々の動きを受け止めたり、保育者も楽しさを共有したりする。 | ◆さまざまな遊びを展開したり、継続して遊んだりできるように遊具や<br>用意しておく。<br>◇一人ひとりの成長を認めながら進級への期待がもてるようにする。 |

○行事や園庭開放などを通して、地域の人たちと触れ合い交流できるようにする。
○進級に向けて、一年間の子どもの成長や発達を伝え、成長を喜び合う。

同じ番号やアルファベットを追っていくと、年間計画という1つの計画の中でも、「期」と「期」のつながり、「ねらい」と「内容」のつながりなど、さまざまなつながりがありますね！
次のページからは、つながりポイントⒶ～Ⓒを例に、年間計画→月案→週案という計画同士のつながりにも注目しながら確認していきましょう。

玉野市立保育園・認定こども園3歳児年間計画を元に作成。内容を一部変更。

## つながりポイント A 園生活の流れを知る

年間計画のねらいや月初めの子どもの姿から、より具体的なねらいを捉えます。そして、ねらいにつながる具体的な保育の内容を考えていきます。この内容を子どもが行うときに必要な環境構成や具体的な援助もあわせて考えましょう。これらの経験を通して育つであろう姿も考えます。

**特につながりのある年間計画**

●1期　ねらい
「園生活の流れを知り、園の生活リズムに慣れる。」

### ③ キーワードのつながり

この時期に、子どもたちが「親しみをもつ」とは、どのようなことでしょう。それが「保育の内容」に示されています。「関わろうとする」「一緒に何かを行う」ことで安心感が生まれ、それが「親しみ」になっていくのですね。

# 4月 月案

**月初めの子どもの姿**

●はじめての園生活や新しいクラスになったことで、喜て登園してくる子どもなどがいる。A
●好きな玩具や遊具をみつけ、自分から関わり遊びだす

| 月のねらい | 保育の内容(養護・5領域) | 環境構成 |
|---|---|---|
| ○喜んで登園し、保育者に親しみをもつ。③<br>○新しい環境に興味をもち、安心して過ごす。AB<br>○春の自然に触れることを楽しむ。C | ●保護者と一緒に喜んで登園する。<br>●保育者に保護者と一緒に挨拶する。<br>●保育者に手伝ってもらいながら、身支度を行おうとする。A<br>●園や新しいクラスでの生活の仕方を知る。A<br>●新しい玩具や遊具に自分から関わって遊ぶ。<br>●保育者や身近にいる友達と関わろうとする。③<br>●保育者や一緒にいる友達と遊ぶ。<br>●身近な花や虫に触れたり、みつけたりする。C<br>●保育者の絵本や紙芝居の読み聞かせを見る。④<br>●困っていることを保育者にしぐさや言葉で伝えようとする。③⑤<br>●保育者やクラスの友達と一緒に手遊びをしたり、歌をうたったりする。③④ | ●自分のロッカーや靴箱がわかるように、個人マークを付けておく。A<br>●身支度、排泄(はいせつ)など園生活の仕方がわかるように絵カードやマークなどで表示しておく。A<br>●安心して遊びだせるように、遊びかけの玩具を置いたり、家庭で遊んでいる玩具を用意しておく。B<br>●使いたい玩具が使えるように、十分に玩具の数を用意しておく。<br>●安心して過ごせるように、カーペットを敷いたり、ゆったりできるスペースを作る。B |

### ④ 保育の内容と援助とのつながり

子どもたちがどのような経験をするとねらい(ここでは保育者への親しみ)につながるでしょうか。具体的な意図と方法が援助に示されています。

**健康および安全**

●体質やアレルギーなど一人ひとりの健康について把握し職員同士で共有する。(健康)
●みんなで食べることが楽しいと感じられるように、昼食開始前におやつを食べたり、昼食では食事の量の調節を柔軟に行ったりする。(食育)
●園庭の遊具の使い方や設備の確認を職員同士で共有しておく。(安全)

**保護者および地域の子育て支援**

●子どもの様子を連絡帳や送迎時に伝えたり、家庭での様子を伺ったりして信頼関係を築いていく。
●安心感が得られるように、また楽しく過ごしている様子がわかるように、クラスだよりやクラス懇談会では、具体的なエピソードで子どもたちの様子を伝える。
●排泄、着替えの仕方などは保護者とその都度話し合い、個別の配慮を行う。

## つながりポイント C 自然に親しむ

援助は必ず保育者の意図があって行われます。
「身近な自然物に関わる」経験にはどのような意味があるのでしょう。経験の意味という視点から、保育の内容に合わせた具体的な援助を設定しています。

**特につながりのある年間計画**

●1期　内容　環境
「身近な自然に興味や関心をもち親しむ。」

## ⑤ 保育の内容と育ってほしい姿とのつながり

子どもたちが経験する一つの内容には、それにつながる複数の育ちが見られます。この経験はどのような育ちにつながるのか計画の際に考えます。

んで登園してくる子ども、**不安や緊張から泣い**

子ども、**保育者のそばで遊ぶ子どもなどがいる。**③

| 行事 | |
|---|---|
| | 入園式(7日)　始業式(8日)<br>身体測定(22日)　避難訓練(26日)<br>誕生会(28日) |

### 保育者の援助と留意点

- 安心して登園し、保育者に親しみがもてるように、登園時には笑顔で名前を呼んでの挨拶やスキンシップをする。
- 園や新しいクラスでの生活の**仕方がわかるように、**身支度や排泄など一つひとつ**丁寧に伝えたり、**繰り返し**一緒に行ったりする。**Ⓐ
- 自分のロッカーや靴箱がわかるように、一緒に個人マークを確認する。
- 遊具や玩具が安全に使えるように、使い方を伝えたり、**一緒に使って遊んだりする。**Ⓑ
- 和やかな気持ちで過ごせるように、一緒に園で飼育している**小動物を見たり、春の草花に触れたりする。**Ⓒ
- 園や新しいクラスで保育者や友達と**過ごす時間が楽しいと感じられるように、**親しみやすい絵本や紙芝居を読む。④
- クラスや友達に**親しみがもてるように、**パペットを使って話したり、**一緒に手遊びをしたり、歌をうたったりする。**④

### 3歳児期の終わりまでに育ってほしい姿

| | |
|---|---|
| 健康な心と体<br>自立心<br>協同性<br>道徳性・規範意識の芽生え<br>社会生活との関わり<br>思考力の芽生え<br>自然との関わり・生命尊重<br>数量や図形、標識や文字などへの関心・感覚<br>言葉による伝え合い<br>豊かな感性と表現 | ●新しいクラスでの朝の身支度や降園準備に行うこと、園生活の流れなどがわかるようになる。(健康な心と体、自立心、道徳性・規範意識の芽生え)<br>●朝の**身支度や降園準備を自分で行おうとする**ようになる。(自立心)Ⓐ<br>●保育者や同じ場にいる友達に親しみをもち関わろうとするようになる。(健康な心と体、協同性、社会生活との関わり)<br>●保育者に身支度や排泄など困っていることをしぐさや言葉で**伝えようとするようになる。**(自立心、思考力の芽生え、社会生活との関わり、言葉による伝え合い)⑤<br>●新しい玩具や遊具、**園庭の草花や生き物に関わって遊ぶ**ようになる。(健康な心と体、自立心、社会生活との関わり、自然との関わり・生命尊重、豊かな感性と表現)Ⓒ<br>●保育者の絵本や紙芝居の読み聞かせや手遊び、歌に関心をもって楽しんで参加するようになる。(思考力の芽生え、数量や図形、標識や文字などへの関心・感覚、豊かな感性と表現) |

### 振り返り(評価)の視点

- 喜んで登園し、保育者に親しみをもてたか。
- **安心して過ごせるような環境構成の工夫や配慮**ができていたか。Ⓑ
- **春の自然と触れ合える**機会を設けることができたか。Ⓒ

### つながりポイント Ⓑ 安心して過ごす

「安心して過ごす」ための具体的な環境構成や援助が月案中に多数示されていますね。また、振り返りの視点も、それに対応しています。ここでは、玩具が用意できていたか？　一緒に遊んだか？　という視点です。

**特につながりのある年間計画**

- **1期　環境構成**
  **「室内は家庭的な雰囲気をつくり、子どもたちの興味に合わせた環境を整え、自由に使えるようにし、安心して過ごせるようにしておく。」**

3歳児

# 4月第1週 週案

| | | | |
|---|---|---|---|
| 週初めの子どもの姿 | ●登園時には嬉しそうな子ども、泣いている子ども、保護者と離れられない子どもなどがいる。<br>●**遊具や玩具に興味をもち**、遊び始める子どもがいる。⑥<br>●**戸惑って立ちすくんでいる**子どもがいる。⑨ | 行事 | 入園式(7日)<br>始業式(8日) |
| ねらい | ●**喜んで登園し、保育者に親しみをもつ。**⑨<br>●自分の靴箱やロッカーの場所を**知る。**Ⓐ<br>●園にある**遊具や玩具、飼育物などに興味をもつ。**⑥⑦ | | |
| 予想される活動 | ●保護者と一緒に喜んで登園し、保育者と挨拶をする。<br>●自分の靴箱やロッカーを保育者や保護者、年長児と一緒に探し、靴やカバンをしまったり、コップやタオルをかけたりする。<br>●保育者に誘われたり、付き添ってもらったりしながら園や新しいクラスでの排泄(はいせつ)の仕方を知る。<br>●**コップや皿**を使って**ままごと**を**保育者**と一緒にする。⑦<br>●**カーペット**に置いてある**積み木**を重ねたり、**車や家に見立てて**遊ぶ。⑦<br>●保育者と一緒に**園庭**に出て、**チューリップやタンポポ**などの花を**見る。**⑦Ⓒ<br>●園で飼育している**モルモット**を**見たり、触れたりする。**⑦⑧<br>●保育者や友達と一緒に手遊びや歌をうたったりする。(「とんとんとんとんひげじいさん」、「チューリップ」、「むすんでひらいて」)<br>●保育者の絵本や紙芝居の読み聞かせを見る。(『はなをくんくん』、『ごきげんのわるいコックさん』、『とりかえっこ』) | | |
| 環境構成 | ●自分の場所に親しみや安心感がもてるように、わかりやすい動物などの個人マークを付けておく。<br>●すぐに遊びだせるように、**カーペットに積み木をいくつか重ねて置いたり、ままごとのテーブルにコップや皿を並べて置いておく。**Ⓑ<br>●すぐに気づけるようチューリップのプランターの位置を調整しておく。<br>●**モルモット**と**安心して関われるように、スペースを用意**しておく。⑧ | | |
| 保育者の援助と留意点 | ●靴箱やロッカーの個人マークを「うさぎのマークだね」などと伝えながら、一緒に場所の確認をし、安心して過ごせるようにしていく。<br>●一緒に積み木やままごとをして、楽しんで遊べるようにする。<br>●一緒に園で飼育している**モルモット**を**見に行ったり、触れたりして、**興味がもてるようにする。⑧<br>●安全に過ごせるように、飼育物と触れ合った後の手洗いを一緒に行う。<br>●不安な子どもには**手をつないだり、抱っこなどのスキンシップをとり、安心して過ごせるようにする。**Ⓑ<br>●パペットを使って話したり、一緒に手遊びをしたりして保育者に親しみをもてるようにする。 | | |
| 振り返りの視点 | ●**喜んで登園し、保育者に親しみを感じられる**ような関わり方ができたか。⑨<br>●園や新しいクラスにある遊具や玩具に興味をもって関わっていたか。 | | |

### ⑥ 子どもの姿とねらいとのつながり

子どもの姿から、「さまざまな園環境に興味をもつだろうな」という予想や、「興味をもつといいな」という保育者の願いから具体的なねらいを考えます。

### ⑦ ねらいと活動とのつながり

ねらいにつながる活動内容が、「何」「誰と」「どこで」「どのように」などの部分で、より具体的に固有名詞などを使って示されています。実際に行う内容が明確になっていくことがわかりますね。

### ⑨ 子どもの姿・ねらい・振り返りのつながり

子どもの困りごとから「ねらい」を設定しました。そのため、「振り返り」では、子どもの姿が保育者の援助によって変化しただろうかという視点から考えて記入しています。

### つながりポイント A 園生活の流れを知る

「園生活の流れを知る」とは、「新しい生活に興味をもつ」ことです。園生活の「何を」「どんなふうに」「知る・興味をもつ」のか、より具体的に示したのが、1週目のねらいの「自分の靴箱やロッカーの場所を知る。」です。

**特につながりのある年間計画**

●1期　ねらい
「園生活の流れを知り、園の生活リズムに慣れる。」

**特につながりのある月案**

●ねらい
「新しい環境に興味をもち、安心して過ごす。」

### つながりポイント C 自然に親しむ

年間計画では「自然」、月案では「身近な花」という示し方だったのが、週案では「チューリップやタンポポ」という固有名詞で示されています。

**特につながりのある年間計画**

●1期　内容　環境
「身近な自然に興味や関心をもち親しむ。」

**特につながりのある月案**

●保育の内容
「身近な花や虫に触れたり、みつけたりする。」

### ⑧ 活動・環境構成・援助のつながり

よりよい経験となるように、「その経験の意味はなんだろう」、「その際に予想されることはなんだろう」と考えることで具体的配慮や意図が導き出されます。

### つながりポイント B 安心して過ごす

子どもたちが安心して過ごすための環境構成や援助が、固有名詞などを用いて具体的に示されています。年間計画→月案→週案と、具体的な内容になっていくことがわかりますね。

**特につながりのある年間計画**

●1期　環境構成
「室内は家庭的な雰囲気をつくり、子どもたちの興味に合わせた環境を整え、自由に使えるようにし、安心して過ごせるようにしておく。」

**特につながりのある月案**

●環境構成
「安心して遊びだせるように、遊びかけの玩具を置いたり、家庭で遊んでいる玩具を用意しておく。」

# 月案から週案を考えよう！

週案を作るとき、月案からどんなことを考えるか、"デキる保育者"の頭の中をのぞいてみましょう。

## 考え方の大まかな流れ

### 今月の大きな流れ

まずは入園式と始業式。新入園児も進級児も新しい生活のスタートね。具体的な園・クラスの生活の仕方を知って、保育者や園・クラスに慣れてほしいな。身体測定や避難訓練などもあるな。

### 月初めの子どもの姿

嬉しそうな子、泣いている子など、登園の様子はさまざま。登園後も、すぐに遊びだす子、保育者や保護者のそばを離れない子とさまざま。一方、絵本の読み聞かせでは落ち着いていて、手遊びやパペットとのやりとりに、泣いている子も笑ったりして、和やかな雰囲気になることもあるな。

### 第1週に何をする？

とにかく安心して登園できるように、あせらず、丁寧に園・新しいクラスの生活の仕方を伝えながら一緒に行っていこう。「ここは楽しいところだよ」と思えるように、一緒に手遊びや歌、絵本などの時間を用意したい。

## 4月 月案

**月初めの子どもの姿**

●はじめての園生活や新しいクラスになったことや緊張から泣いて登園してくる子どもなどが
●好きな玩具や遊具をみつけ、自分から関わり子どもなどがいる。

| 月のねらい | 保育の内容（養護・5領域） | 環境構成 |
|---|---|---|
| ○喜んで登園し、保育者に親しみをもつ。❶<br>○新しい環境に興味をもち、安心して過ごす。<br>○春の自然に触れることを楽しむ。❺ | ●保護者と一緒に喜んで登園する。<br>●保育者に保護者と一緒に挨拶する。<br>●保育者に手伝ってもらいながら、身支度を行おうとする。<br>●園や新しいクラスでの生活の仕方を知る。❹<br>●新しい玩具や遊具に自分から関わって遊ぶ。❷<br>●保育者や友達と関わろうとする。<br>●保育者や一緒にいる友達と遊ぶ。<br>●身近な花や虫に触れたり、みつけたりする。❺<br>●保育者の絵本や紙芝居の読み聞かせを見る。❼<br>●困っていることを保育者にしぐさや言葉で伝えようとする。<br>●保育者やクラスの友達と一緒に手遊びをしたり、歌をうたったりする。❼ | ●自分のロッカーや靴箱がわかるように、個人マークを付けておく。❹<br>●身支度、排泄（はいせつ）など園生活の仕方がわかるように絵カードやマークなどで表示しておく。❹<br>●安心して遊びだせるように、遊びかけの玩具を置いたり、家庭で遊んでいる玩具を用意しておく。❷❸<br>●使いたい玩具が使えるように、十分に玩具の数を用意しておく。❸<br>●安心して過ごせるように、カーペットを敷いたり、ゆったりできるスペースを作る。 |

**健康および安全**

●体質やアレルギーなど一人ひとりの健康について把握し、職員同士で共有しておく。（健康）
●みんなで食べることが楽しいと感じられるように、昼食開始前におやつを食べたり、昼食では食事の量の調節を柔軟に行ったりする。（食育）
●園庭の遊具の使い方や設備の確認を職員同士で共有しておく。（安全）

**保護者および地域の子育て支援**

●子どもの様子を連絡帳や送迎時に伝えたり、家庭での様子を伺ったりして信頼関係を築いていく。❻
●安心感が得られるように、また楽しく過ごしている様子がわかるように、クラスだよりやクラス懇談会では、具体的なエピソードで子どもたちの様子を伝える。
●排泄、着替えの仕方などは保護者とその都度話し合い、個別の配慮を行う。

❺心地よい季節。園庭に出て、自然に触れると落ち着いて安心できる。「一緒に行ってみようか」とさりげなく誘ってみよう。

❻保護者との信頼関係構築も大切。もちろん、焦らずね。保護者が安心できるように具体的に園での様子を伝えてあげよう！

週案作成にあたっての思い

❶いよいよスタート。一人ひとりが自分を出せるようにしたいな。保護者と離れられない子は、しばらく付き添ってもらおう。泣きたいだけ泣いてもいいんだよ。子どもの様子に合わせたスキンシップを大切にしよう！

❷毎日一緒に過ごすことで安心感がもてると思う。保育者は、そばにいる人・困ったときに助けてくれる人、周りにいる子は同じことをする人で、偶然目が合って笑顔になることもありそう。そんな経験の繰り返しが、親しみや関わろうとする姿に育っていくかな。

❸でも、あくまでも、4月のこの時期だから、「偶然一緒」になれるといいな。強制的に「みんなでする」と戸惑うはず。

❹園・新しいクラスの生活を知ってもらおう。私の思いを込めた靴箱のマークよ！　気に入ってくれるかな。トイレの場所や使い方も知らせないとね。きっと我慢している子もいるからね。

で、喜んで登園してくる子ども、不安いる。❶
遊びだす子ども、保育者のそばで遊ぶ

| 行事 | 入園式(7日)　始業式(8日)<br>身体測定(22日)　避難訓練(26日)<br>誕生会(28日) |
|---|---|

## 保育者の援助と留意点

- 安心して登園し、保育者に親しみがもてるように、登園時には笑顔で名前を呼んでの挨拶やスキンシップをする。❶
- 園や新しいクラスでの生活の仕方がわかるように、身支度や排泄など一つひとつ丁寧に伝えたり、繰り返し一緒に行ったりする。❹
- 自分のロッカーや靴箱がわかるように、一緒に個人マークを確認する。❷❹
- 遊具や玩具が安全に使えるように、使い方を伝えたり、一緒に使って遊んだりする。
- 和やかな気持ちで過ごせるように、一緒に園で飼育している小動物を見たり、春の草花に触れたりする。
- 園や新しいクラスで保育者や友達と過ごす時間が楽しいと感じられるように、親しみやすい絵本や紙芝居を読む。
- クラスや友達に親しみがもてるように、パペットを使って話したり、一緒に手遊びをしたり、歌をうたったりする。❼

## 3歳児期の終わりまでに育ってほしい姿

| 健康な心と体<br>自立心<br>協同性<br>道徳性・規範意識の芽生え<br>社会生活との関わり<br>思考力の芽生え<br>自然との関わり・生命尊重<br>数量や図形、標識や文字などへの関心・感覚<br>言葉による伝え合い<br>豊かな感性と表現 | ●新しいクラスでの朝の身支度や降園準備に行うこと、園生活の流れなどがわかるようになる。(健康な心と体、自立心、道徳性・規範意識の芽生え)<br>●朝の身支度や降園準備を自分で行おうとするようになる。(自立心)<br>●保育者や同じ場にいる友達に親しみをもち関わろうとするようになる。(健康な心と体、協同性、社会生活との関わり)❷<br>●保育者に身支度や排泄など困っていることをしぐさや言葉で伝えようとするようになる。(自立心、思考力の芽生え、社会生活との関わり、言葉による伝え合い)<br>●新しい玩具や遊具、園庭の草花や生き物に関わって遊ぶようになる。(健康な心と体、自立心、社会生活との関わり、自然との関わり・生命尊重、豊かな感性と表現)❺<br>●保育者の絵本や紙芝居の読み聞かせや手遊び、歌に関心をもって楽しんで参加するようになる。(思考力の芽生え、数量や図形、標識や文字などへの関心・感覚、豊かな感性と表現)❼ |
|---|---|

## 振り返り(評価)の視点

- 喜んで登園し、保育者に親しみをもてたか。
- 安心して過ごせるような環境構成の工夫や配慮ができていたか。
- 春の自然と触れ合える機会を設けることができたか。

❼手遊びでは、最初は何が始まるんだろうと戸惑う子もいるかもしれない。絵本が始まると遠くの方からのぞいている子もやってきて参加するかな。子どもたちが関心をもてるような方法や内容を選んで、楽しい経験になるようにしよう。

※月案の❶～❼は「週案作成にあたっての思い」に対応しています。
同じ番号を見ていくと、つながりがわかります。

長期計画から短期計画を作る

# 第1週の週案を作ろう！

月案や子どもの姿から第1週の保育でしたいことを考えて、週案をたてます。

## 月初めの子どもの姿

❶喜んで登園してくる子ども、不安や緊張から泣いて登園してくる子どもなどがいる。
❷好きな玩具や遊具をみつけ、自分から関わり遊びだす子ども、保育者のそばで遊ぶ子どもなどがいる。

### 課題

❶これまでの経験に個人差がある。
❷好きな遊びがみつけられず、じっとしている子もいそう。好きな遊びと場所がみつけられない子がいるだろう。

## 保育者の気づき

①泣いている子への関わりが多くなってしまう。泣いていないから安心？　いやいや、我慢してるかも。なかなかみんなを把握できていないな。頑張っている子にもちゃんと目を向けよう。一言は声をかけよう。
②好きな遊びはなんだろう？　一人ひとりの関心をキャッチしていこう。特に園庭へ誘ってみると開放感を味わえると思う。

## 第1週の保育でしたいこと

### ここを育てたい！　広げたい！

- 一人ひとりが安心して過ごせるようにしたい。
- 自分のカバンや靴をしまう場所、トイレの場所、自分のクラス、先生を知っていけるようにしたい。
- 好きな遊びや好きな場所をみつけて、遊べるようにしたい。

### 配慮が必要なこと

- 全てにおいて無理強いはしない。いきなり園・新しいクラスのルールを押し付けないようにしよう。
- 一人ひとりのペースを大切に関わっていこう。
- また明日も園に来たいと思えるように援助していこう！

**課題に対する保育者の願い**

❶一人ひとりの気持ちを受け止め、丁寧な関わりをしていこう。「みんなで」を急ぐのは禁物ね。
❷安心できる遊びや場所がみつけられるといいな。

**子どもの本音**

・「ここ、楽しい！」
・「ざわざわしていてやだな」
・「この人、先生っていうんだ」
・「先生のところにいれば大丈夫」
・「なんでお母さんとわかれるの？」
・「前のお部屋より広い！」
・「新しいおもちゃだ！」

そのために必要なねらいは？
活動は？
環境構成は？
援助は…

**第1週の週案をたてていこう！**

# 4月第1週 週案

| | | | |
|---|---|---|---|
| 週初めの子どもの姿 | ●登園時には嬉しそうな子ども、泣いている子ども、保護者と離れられない子どもなどがいる。❶<br>●遊具や玩具に興味をもち、遊び始める子どもがいる。<br>●戸惑って立ちすくんでいる子どもがいる。 | 行事 | 入園式(7日)<br>始業式(8日) |
| ねらい | ●喜んで登園し、保育者に親しみをもつ。❶<br>●自分の靴箱やロッカーの場所を知る。❹<br>●園にある遊具や玩具、飼育物などに興味をもつ。 | | |
| 予想される活動 | ●保護者と一緒に喜んで登園し、保育者と挨拶をする。<br>●自分の靴箱やロッカーを保育者や保護者、年長児と一緒に探し、靴やカバンをしまったり、コップやタオルをかけたりする。❹<br>●保育者に誘われたり、付き添ってもらったりしながら園や新しいクラスでの排泄(はいせつ)の仕方を知る。❹<br>●コップや皿を使ってままごとを保育者と一緒にする。<br>●カーペットに置いてある積み木を重ねたり、車や家に見立てて遊ぶ。<br>●保育者と一緒に園庭に出て、チューリップやタンポポなどの花を見る。❺<br>●園で飼育しているモルモットを見たり、触れたりする。<br>●保育者や友達と一緒に手遊びや歌をうたったりする。(「とんとんとんとんひげじいさん」、「チューリップ」、「むすんでひらいて」)<br>●保育者の絵本や紙芝居の読み聞かせを見る。(『はなをくんくん』、『ごきげんのわるいコックさん』、『とりかえっこ』)❼ | | |
| 環境構成 | ●自分の場所に親しみや安心感がもてるように、わかりやすい動物などの個人マークを付けておく。❹<br>●すぐに遊びだせるように、カーペットに積み木をいくつか重ねて置いたり、ままごとのテーブルにコップや皿を並べて置いておく。<br>●すぐに気づけるようチューリップのプランターの位置を調整しておく。<br>●モルモットと安心して関われるように、スペースを用意しておく。 | | |
| 保育者の援助と留意点 | ●靴箱やロッカーの個人マークを「うさぎのマークだね」などと伝えながら、一緒に場所の確認をし、安心して過ごせるようにしていく。❹<br>●一緒に積み木やままごとをして、楽しんで遊べるようにする。<br>●一緒に園で飼育しているモルモットを見に行ったり、触れたりして、興味がもてるようにする。<br>●安全に過ごせるように、飼育物と触れ合った後の手洗いを一緒に行う。<br>●不安な子どもには手をつないだり、抱っこなどのスキンシップをとり、安心して過ごせるようにする。❷<br>●パペットを使って話したり、一緒に手遊びをしたりして保育者に親しみをもてるようにする。❼ | | |
| 振り返りの視点 | ●喜んで登園し、保育者に親しみを感じられるような関わり方ができたか。(保)<br>●園や新しいクラスにある遊具や玩具に興味をもって関わっていたか。(子) | | |

※❶〜の番号は月案の❶〜の番号とつながりがあります。

実践へ

長期計画から短期計画を作る

# 実践！ 第1週の活動をしよう

いよいよ実践。どんな活動が展開されたのでしょうか。計画と実際の活動のズレにも注目です。

## 月曜日 ○○園にようこそ！

いよいよ3歳児クラスの新しい1年のスタート！　入園式中は泣いていた子どもも、保護者と一緒なら大丈夫という雰囲気でした。保育室に移動後は、担任から保護者への自己紹介の後、みんなで手遊びをしました。お互いを知っている子もいて楽しそうです。泣いていた子もパペットを見て笑顔になり、和やかな雰囲気で初日を終えました。

## 火曜日 ドキドキの始業式

翌日の始業式も、保護者がいるものの、会場のホールは、保護者と子どもの場所が離れたため、昨日より大泣きする場面もありました。進級の子どもたちも緊張ぎみでした。保育室に戻ると、椅子に座って、保育者の話を聞いたり、一緒に手遊びをしたりして、楽しむことができました。

## 水曜日 身支度できるかな？

水曜日からは、保護者のいない園生活です。そうは言っても、登園時には、保護者からなかなか離れられず、靴やカバンをしまうなどの身支度を保護者に一緒にやってもらう子もいました。上履きに慣れてきて、自分から履こうとする意欲を見せる子もいます。兄や姉がやってきて、お世話してもらう子もいました。一人で困っている場合は、保育者が援助していきました。

身支度を終えると、さっそく目の前のブロックや積み木で遊んだり、自分からままごとのところへ行き、お料理したりする子などがいました。一方で、一通り遊ぶと、5歳児クラスの部屋に行ってしまう子、自分から園庭へ駆け出してしまう子もいました（他のクラスの保育者が連れてきてくれました）。進級児も新しい生活に少し戸惑う姿が見られます。

## 実際の活動の流れ

| 月 | 火 | 水 |
|---|---|---|
| ●入園式<br>●保護者と一緒に保育室に入る。<br>●ホールに集まる。<br>●手遊び・歌「とんとんとんとんひげじいさん」「チューリップ」 | ●始業式<br>●保護者と一緒に保育室に入る。<br>●ホールに集まる。<br>●手遊び・歌「とんとんとんとんひげじいさん」「むすんでひらいて」 | ●靴を靴箱に入れ、上履きを履く。<br>●カバンをロッカーにしまう。<br>●好きな遊びをする。（積み木、ブロック、粘土、ままごとなど）<br>●歌「チューリップ」「むすんでひらいて」<br>●絵本『はなをくんくん』 |

## 木曜日 モルモットを見に行こう!

木曜日は、昨日、保育室から出て行ってしまった子どもや泣いていた子どもと一緒に、園庭にチューリップやモルモットを見に行きました。さっそくモルモットを抱っこしようとする子もいます。

降園時の歌や紙芝居は、楽しみにしているのかほとんどの子が集中して見ていました。しかし、Aちゃんはカバンを背負って、帰りたそうに保育室の入り口にいました。

## 金曜日 慣れてきた子もまだな子も

金曜日になると、慣れてきて、自分から靴箱に靴をしまったり、上履きを履いたり、カバンをしまったりと身支度を行って、すぐ遊びだす子が増えてきました。遊びでは、自分から玩具に関わる子も増えましたが、まだ保育者の元を離れず他の子の遊びをじっと見ている子もいます。一方、今日も、どんどん自分からいろいろな場所へ行ってしまう子や、次から次へと遊びを転々とする子もいます。

### 保育者の予想

- 遊びに関して、とりあえず、目の前にある玩具や遊具で遊ぶだろう。あまり大きな動き(行動)は見られないと思う。

### 実際は?

- 目の前の玩具や遊具で遊ぶ子もいるが、物足りないのか、飽きてしまうのか、落ち着かないのか、次から次へといろんな場所へ行き、遊ぶ子もいる。

### ズレへの対応

- 遊ぶ玩具・遊具の調節、遊ぶ内容を工夫したい。行動範囲を予想して、他の保育者と確認・連携していこう。

| | 木 | 金 | 土 |
|---|---|---|---|
| | → | → | — |
| | → | → | |
| | → | → | |
| | ●園庭で花やモルモットを見る。<br>●手遊び・歌「チューリップ」「とんとんとんとんひげじいさん」<br>●紙芝居『ごきげんのわるいコックさん』 | ●歌「チューリップ」「むすんでひらいて」<br>●絵本『とりかえっこ』 | |

# 第1週を振り返り、第2週の週案

第１週の保育を振り返りながら、第２週の週案をブラッシュアップしていきます。

## 第1週の子どもの姿

❶喜んで登園してくる子どもがいる一方、不安で保護者から離れられない子ども、保育室に入れない子どももいる。
❷ままごとや積み木、ブロックなど気になる場所へ行き、好きな遊びをする子どももいる。
❸不安や緊張や戸惑いから身支度がうまくできず、保育者と一つずつ確認しながら行っている。

### 課題

❶園生活そのものにすでに慣れている子、まだ時間がかかりそうな子と、安心して過ごすことに関しての個人差を感じる。
❷身支度についても、できるけれど兄や姉に頼って、自分からはしない子、わかっているけれど不安で行動しない子、本当にわかっていない子と、一人ひとりの課題の視点が違う。

●目の前の玩具(積み木、ブロック、ままごとなど)で遊ぶことで十分に楽しむと思っていた。しかし、予想以上に行動範囲が広い子や、遊びの内容や場所について物足りなそうな子がいた。

### 保育者の気づき

①昨日泣いていた子が今日は保育室に自分から入って行ったり、身支度が「できた！」と嬉しそうにしていたり、たった１～２日で子どもたちの育ちを感じる。一人ひとりに声をかけ、関係性を築いていこう。
②引き続き、焦りは禁物。「みんな」に私自身がしばられず、個々の育ちに合わせた関わりをしていこう。
③こちらの余裕がなくて、まだまだ保護者に具体的な様子を伝えきれていないな。保護者にも引き続き具体的な様子を伝え、安心できるようにしよう。ここでも関係性の構築を！

## 第2週の保育でしたいこと

### ここを育てたい！　広げたい！

●一緒に楽しめる遊びや行動できる遊びなど、目新しいものを用意して、もっと楽しめるようにしたい。
●無理に保育内容を詰め込み過ぎず、基本的に先週と同様の流れを大切にしたい。繰り返すことが安心感や園生活・新しいクラスに慣れることにつながるから。

### 配慮が必要なこと

●うまくできなくてもやろうとしている気持ちをしっかり受け止めてあげたい。
●楽しいなと感じられるように一緒に遊ぶことを大切にしたいな。

# を作ろう！ PDAC

## 課題に対する保育者の願い

❶子どもが自分の思いを出せるように、慣れているように見える子について、もっと見ていこう。我慢してる？頑張っている？
❷それぞれの課題の視点は違うけれど、やろうとするという気持ちをもてるようにしたい。

## 子どもの本音

・「慣れてきた」・「○○園楽しい」
・「やっぱりママがいい」・「帰りたい」
・「あっちには何がある？」
・「どうしてあっちには行けないの？」
・「みんなと先生と歌、絵本楽しい」
・「このお部屋の○○が好き！」

そのために必要なねらいは？
活動は？
環境構成は？
援助は…

**第2週の週案をたてていこう！**

## 4月第2週 週案

| | | | |
|---|---|---|---|
| 前週の子どもの姿 | ●喜んで登園してくる子どもがいる一方、不安で保護者から離れられない子ども、保育室に入れない子どももいる。❶<br>●ままごとや積み木、ブロックなど気になる場所へ行き、好きな遊びをする子どももいる。<br>●不安や緊張や戸惑いから身支度がうまくできず、保育者と一つずつ確認しながら行っている。 | 行事 | ー |
| ねらい | ●園生活の仕方を知る。❹<br>●好きな場所や遊びをみつけ楽しむ。 | | |
| 予想される活動 | ●保護者と一緒に喜んで登園し、保育者と挨拶をする。<br>●自分の靴箱やロッカーを保育者や保護者、年長児と一緒に探し、靴や鞄をしまったり、コップやタオルをかけたりする。❹<br>●保育者に誘われたり、付き添ってもらったりしながら園や新しいクラスでの排泄（はいせつ）の仕方を知る。❹<br>●積み木を重ねたり、ブロックで車や家を作って遊ぶ。<br>●保育者と一緒に好きな絵本を見たり、ままごとで料理をしたりする。<br>●保育者と園庭に出て、チューリップなどの花を見たり、匂いをかいだりする。❺<br>●保育者と一緒にモルモットを見たり、触れたり、話しかけたりする。<br>●色画用紙のちょうちょうを保育者と一緒に動かして遊ぶ。（ちょうちょうの形をした色画用紙をくるくる棒に付けたもの）<br>●保育者や友達と一緒に手遊びや歌をうたったりする。(「とんとんとんとんひげじいさん」、「チューリップ」、「ちょうちょう」、「ぐーちょきぱー」) ❼<br>●保育者の絵本や紙芝居の読み聞かせを見る。(『しろくまちゃんのほっとけーき』、『きんぎょがにげた』)❼ | | |
| 環境構成 | ●好きな場所で安心して遊べるように、作りかけのブロックやいくつか重ねた積み木、ままごとのテーブルにコップや皿を並べておく。❸<br>●棒に付けた紙のちょうちょうをかごなどに入れてすぐ遊べるようにしておく。<br>●モルモットと安心して関われるように、スペースを用意しておく。<br>●保育者に親しみがもてるように、また安心感をもてるように、絵本を一緒に見るソファーやベンチのコーナーを設置しておく。❷ | | |
| 保育者の援助と留意点 | ●先週に引き続き、登園時は靴箱やロッカーの個人マークを伝えながら、一緒に場所の確認をし、安心して過ごせるようにする。❹<br>●園や新しいクラスでの遊びが楽しめるよう、子どもと同じものを作ったり、色画用紙のちょうちょうを動かしたりして、一緒に遊ぶ。<br>●一緒にモルモットを見に行って、興味がもてるようにする。<br>●不安な子どもには手をつないだり、抱っこなどのスキンシップをとったり、無理なく遊びに誘ったりして安心して過ごせるようにする。❷<br>●一緒に手遊びをして、保育者に親しみをもてるようにする。❼<br>●降園時の集まりでは、絵本や紙芝居の読み聞かせや歌をうたったりして、明日の登園が楽しみになるようにする。❼ | | |
| 振り返りの視点 | ●朝の身支度、排泄の仕方など園生活の仕方を個々の状況に合わせて丁寧に関わりながら伝えられたか。(保)<br>●好きな場所や遊びをみつけ楽しんだか。(子) | | |

※❶〜の番号は月案の❶〜の番号とつながりがあります。

| 年間目標 | ◎保健的で安全な環境をつくり、一人ひとりの子どもの生理的な欲求を満たしたり心の欲求を受け止めたりし、快適に過ごせるようにする。 | 3歳児期の終わりまでに育ってほしい姿 |
|---|---|---|

| 年間区分 | | | 1期(4～5月) | 2期(6～8月) |
|---|---|---|---|---|
| ねらい | | | ○喜んで登園し、保育者に親しみをもつ。<br>○園生活の流れを知り、園の生活リズムに慣れる。<br>○園の遊具や玩具に興味をもち、自分から遊ぼうとする。<br>○身近な動植物や自然に興味をもつ。 | ○簡単な身の回りの始末を自分でしようとする。<br>○遊びや生活を通して、約束やきまりがあることを知る。<br>○自分の好きな遊びを十分に楽しみながら、友達のしていることにも興味を示す。<br>○水や砂の感触を楽しみながら、全身を動かす遊びに興味をもつ。 |
| 内容 | 養護 | 生命・情緒 | ○環境の変化から情緒が不安定になりやすいので、発達状態を把握し、安心して生活できるようにする。<br>○できることはありのまま受容し、見守りながら自信につなげていく。 | ○梅雨期、夏期の環境保健に十分留意し、快適に過ごせるようにする。<br>○保育者との信頼関係のなかで、自分の気持ちや考えを安心して表すことができるようにする。 |
| | 教育 | 健康 | ○新しい生活の仕方を知る。<br>○保育者の手助けにより、食事、排泄、手洗い、午睡など、身の回りのことを少しずつ自分でしようとする。 | ○保育者の手助けを受けながら、身の回りのことを自分でしようとする。<br>○身近な生活用具などの正しい使い方を知り、興味をもって使う。<br>○夏野菜の生長や収穫を喜び、収穫した野菜を食べることで食物に関心をもつ。 |
| | | 人間関係 | ○室内や戸外で安心して遊具や玩具を使って遊ぶ。<br>○自分のクラスがわかり、保育者や友達に慣れて生活や遊びをする。 | ○自分で好きな遊びをみつけたり、保育者や気の合う友達と遊びを楽しんだりする。<br>○保育者が仲立ちとなり、異年齢の友達との触れ合いをもとうとする。<br>○生活や遊びのなかで、簡単なきまりや約束を守ろうとする。 |
| | | 環境 | ○身近な自然に興味や関心をもち、親しむ。<br>○土、砂、粘土などの感触を楽しむ。 | ○砂、水、泥遊びなど、自然に触れ感触を楽しみながら遊ぶ。 |
| | | 言葉 | ○挨拶や返事など生活に必要な言葉を使う。<br>○したいことやしてほしいことを保育者に表情や言葉で伝えようとする。 | ○保育者や友達と生活や遊びに必要な言葉や簡単な挨拶のやりとりを楽しむ。 |
| | | 表現 | ○みんなと一緒に知っている歌をうたったり、手遊びをしたりする。 | ○絵本や紙芝居を繰り返し見たり聞いたりして楽しむ。 |
| 環境構成◆<br>配慮事項◇ | | | ◆室内は家庭的な雰囲気をつくり、子どもたちの興味に合わせた環境を整え、自由に使えるようにし、安心して過ごせるようにする。<br>◇一人ひとりの気持ちをしっかり受け止め、安心して生活できるようにする。 | ◆気温に合わせて水遊びやプール遊びが安全に楽しめるよう場や遊具を整えておく。<br>◇遊びへの興味が広がるように、誘ったり他の子どもとの仲立ちをしたりする。また、水遊びやプール遊びの約束事を伝え、安全面に配慮する。 |
| 家庭・地域との連携 | | | ○園での様子を話したり、家庭での様子を具体的に伝え合ったりしながら、信頼関係を築いていく。<br>○行事などを通して子どもの様子を見てもらい、頑張っていることを十分にほめてもらう。 | |

40 ～ 47ページ掲載の指導計画の年間計画です。つながりを確認してみましょう。

●生活の流れがわかり、自分でできることは自分でしようとする。
●みんなから認められることに、喜びを感じる。
●保育者の仲立ちのもと、友達と思いを伝え合って遊ぼうとする。
●友達との関わりを徐々に深めながら簡単なルールのある遊びを楽しむ。
●地域の人と親しみをもって関わる。
●身近な環境に関わり、気づいたり感じたりして遊ぶ。
●身近な動植物をはじめ、自然現象をよく見たり触れたりして、驚き親しみをもつ。
●身の回りのものの色、量、形などに関心をもち、分けたり集めたりする。
●経験したことや感じたことを自分なりの言葉で保育者や友達に伝えようとする。
●友達と一緒にイメージを広げたり、見立て遊びを楽しんだりして遊ぶ。

| 3期(9～12月) | 4期(1～3月) |
|---|---|
| ○戸外でのびのびと体を動かして遊ぶことを楽しむ。<br>○経験したこと、感じたことを自分なりに表現する。<br>○保育者や友達と一緒に生活することを楽しみ、話したり、聞いたり、会話を楽しんだりする。<br>○日常生活のなかで自分でできることは自分でしようとする。<br>○季節の移り変わりを感じ、自然物に触れて遊ぶことを楽しむ。 | ○基本的生活習慣が身につき、安定した生活ができる。<br>○友達と遊んだり、話したり、うたったりすることを喜び、一緒に活動しようとする。<br>○大きくなる喜びと進級に対する期待をもって生活する。 |
| ○自分でしようとする姿を認め、自分でできたことに満足感がもてるようにする。<br>○季節の変化に応じて、保健的で安全な環境をつくり、快適に生活できるようにする。<br>○子どもの気持ちを大切にし、一人ひとりの成長を認め自信をもって生活できるようにする。 | ○気温差に留意し、室温、湿度、換気に配慮し健康に過ごせるようにする。<br>○一人ひとりの成長を認め、自信をもって生活できるようにする。 |
| ○簡単な身の回りのことがほとんど自分でできるようになる。<br>○食事のマナーに気をつけ、苦手なものや嫌いなものでも少しずつ食べようとする。 | ○生活の流れがわかり、自分から進んで身の回りの始末をする。<br>○全身を使った遊びを十分にして、寒さに負けず戸外で遊ぶことを楽しむ。 |
| ○簡単な約束やきまりを守りながら、友達と一緒に遊びを楽しむ。<br>○行事を通して、地域の人や異年齢児との触れ合いを楽しむ。 | ○異年齢の友達と関わり、年下の子どもに対して思いやりの気持ちをもったり、進級を楽しみにしたりする。<br>○保育者の手伝いを喜び、進んでする。 |
| ○身近な自然に触れ、関心をもって遊ぶ。<br>○気づき、驚き、発見などを自分から言葉で伝える。 | ○伝統的行事に参加し、さまざまな遊びを楽しむ。<br>○冬の自然に触れて遊び、発見したり関心を広げたりする。 |
| ○自分の気持ちや困っていること、してほしいことなど保育者に自分なりの言葉や方法で伝えようとする。<br>○絵本や童話などからイメージを広げたり、登場人物になったりして、遊びを楽しむ。 | ○うれしいことや感じたこと、考えたことを言葉で表現したり、相手の話を聞いたりする。 |
| ○遊具や用具を使って運動遊びや体操、リズム遊びなどを楽しむ。<br>○音楽に親しみ聞いたりうたったり、楽器を鳴らしたりして楽しむ。 | ○友達と一緒に身近な素材や用具を使って描いたり作ったりして遊ぶ。<br>○保育者の仲立ちのもと、自分の思いを伝えながら友達と一緒に楽しく遊ぶ。 |
| ◆戸外で元気に体を動かしたり、季節の移り変わりに関心がもてるような環境を整えたりする。<br>◇遊びのなかで自分なりの動きを出したり、友達と同じ場にいるうれしさを感じたりできるように、個々の動きを受け止めたり、保育者も楽しさを共有したりする。 | ◆さまざまな遊びを展開したり、継続して遊んだりできるように遊具や材料を用意しておく。<br>◇一人ひとりの成長を認めながら進級への期待がもてるようにする。 |

○行事や園庭開放などを通して、地域の人たちと触れ合い交流できるようにする。
○進級に向けて、一年間の子どもの成長や発達を伝え、成長を喜び合う。

玉野市立保育園・認定こども園3歳児年間計画。内容を一部変更。

# 月案から週案を考えよう！

週案を作るとき、月案からどんなことを考えるか、"デキる保育者"の頭の中をのぞいてみましょう。

## 考え方の大まかな流れ

### 今月の大きな流れ

第１週は運動会。その経験から運動会ごっこや体を動かす遊びが増えるはず。季節の変化から、後半には秋の自然に触れる遊びが盛り上がるんじゃないかな？

### 先月末の子どもの姿

運動会に向けた活動に意欲的に取り組むなかで、友達と自分の思いを伝え合い、協力する姿が見られるな。でも、遊びに夢中で３・４歳児に対しての態度が横柄なところもあるな…。

### 第1週に何をする？

まずは運動会に向けての活動！運動会に向けて、協同性や伝え合う力がより育つように、子どもたちと話し合って一緒に準備しよう。でも、好きな遊びへの取り組みも大切にしたい！

❺リレーは特に張り切っている。子どもたち同士で相談して取り組んでいるし。ただ、周りが見えなくて他の遊びをしている４歳児や３歳児への気遣いがあまりないな…。

## 10月 月案

**先月末の子どもの姿**

●運動会に向けて、クラスの仲間と相談したり、て取り組んでいる。❶
●自分の考えや発見したことを友達に伝えたり、して遊んでいる。❺
●友達と一緒に遊びや活動に必要な遊具や用具

| 月のねらい | 保育の内容（養護・５領域） | 環境構成 |
|---|---|---|
| ○仲間と共通の目的に向かって協力して取り組み、達成感や充実感を味わう。❶<br>○自分なりに目標をもって意欲的に取り組み、満足感を味わう。<br>○身近な秋の自然に触れ、工夫しながら遊びに取り入れ表現することを楽しむ。 | ●さまざまな体を動かす遊びや活動に取り組み、多様な動きをする。❶<br>●自分なりの目標に向かって繰り返し挑戦する。<br>●仲間との共通の目的に向かって考えていること、気づいたことを言葉で伝え合う。❸❺<br>●勝つ嬉しさや負ける悔しさなど、味わった気持ちを言葉で表現する。 ❺<br>●活動や遊びなど1日の見通しをもって生活する。<br>●さまざまな活動に取り組むなかで自分の力を発揮する。❺<br>●遊びや活動を友達と一緒に自分たちで工夫して進めていく。<br>●遊びや活動に必要なものを自分で気づいたり考えたりして用意する。<br>●秋の自然に気づき、触れたり遊びに取り入れたりする。<br>●秋の自然の美しさ・不思議さを言葉で伝え合う。<br>●収穫した野菜の生長に気づき大きさや数などに関心をもって触れる。❼ | ●多様な動きの活動ができるように、園庭に用具を配置したり、場所の確保をしたりしておく。❷<br>●活動や遊びに必要な用具や道具を自分たちで準備や片づけが行えるように、扱いやすい場所や取り出しやすい場所に置いておく。❷<br>●運動会の後も経験した活動が楽しめるように、CDや道具・用具を用意しておく。❹<br>●秋の自然を取り入れて遊べるように、木の実や落ち葉を分類して入れる容器を用意しておく。<br>●いも掘りで掘ったいもをみんなで見られるようなスペースを用意しておく。❼ |

**健康および安全**

●無理なく取り組めるように、行事に向けての活動のあり方や計画のたて方（時間含む）を工夫し、職員間で共有する。（健康）
●収穫した野菜や果物を調理したり、匂いをかいだり触ったりして特徴への気づきを伝え合えるようにする。（食育）
●安全な用具や道具の使い方を使いながら一緒に再確認する。（安全）

**保護者および地域の子育て支援**

●運動会への取り組みについて園だよりやクラスだよりで具体的に伝えたり、運動会後の感想をいただいたりして子どもたちのさまざまな育ちを共有できるようする。❻
●いも掘りや果物狩りなどでの収穫や遊びに秋の自然を取り入れている様子やそこでの子どもたちの気づきなどを伝え、季節の変化について家庭でも話題になるきっかけになるようにする。

❻保護者にクラスだよりで子どもの頑張っている姿を伝えよう。結果ではなく過程での育ちを伝えないと！

週案作成にあたっての思い

❶10月は子どもたちにとっての最後の運動会。一人ひとりが力を発揮し、達成感を味わえるといいな。○○組っていいなという所属感がより味わえるように。そのためにも、もっと運動会に向けての活動が必要？ 特に1週目は最終段階だから、悔いのないようにしないと！

❷「練習、練習」と一方的に活動をさせることにならないよう、子どもたち自身が目標に向かって進めるように援助しよう！ そのためにはすぐ取り組める環境構成が大切ね。

❸クラス競技ではリレーで優勝したい、個人のリズムではかっこよく踊りたいなど具体的に自分がどうなりたいかを友達や家族に伝えるかな。そして、友達を誘っていったり、自分からあきらめず繰り返し取り組んでいく姿が育っていくかな。

協力したりする姿が見られ、期待をもっ

友達の思いを受け入れたりしながら工夫

を用意したり、作ったりしている。

| 行事 | 運動会(9日) 避難訓練(14日)<br>身体測定(18日) 誕生会(20日)<br>いも掘り(25日) |
|---|---|

❹運動会をきっかけに、3・4歳児クラスとの関わりも増えるといいな。教える経験から言葉や心の育ちも得られるかも。だから、運動会後にも運動会で使った道具などは残しておこう！

## 保育者の援助と留意点

- ●クラスや自分なりの目標をもって活動が取り組めるように、また見通しをもって進められるように、クラスで活動について振り返ったり、相談したりする場を設け、解決方法によっては一緒に考える。❶❺
- ●さまざまな動きに挑戦し、楽しめるように、保育者も一緒に取り組んだり励ましの言葉をかけたりする。❸
- ●仲間と考えながら工夫して活動を進めていけるように、互いの思いを整理したり共有したりする。❺
- ●遊びのなかで運動会で踊った踊りや競技などを3・4歳児クラスと一緒に再現する機会を設け、自分たちで展開していく楽しさや3・4歳児クラスに伝える喜びを感じられるようにする。❹
- ●季節の変化を秋の自然から感じられるように、変化について伝え合ったり、気づきを共有したりする。
- ●収穫物の形の違いを具体的に伝えたり、数を一緒に数えたりして、量や数への関心や違いへの気づきがもてるようにする。❼

## 幼児期の終わりまでに育ってほしい姿

健康な心と体 / 自立心 / 協同性 / 道徳性・規範意識の芽生え / 社会生活との関わり / 思考力の芽生え / 自然との関わり・生命尊重 / 数量や図形、標識や文字などへの関心・感覚 / 言葉による伝え合い / 豊かな感性と表現

- ●遊びや活動、運動会を通して多様な動きができるようになる。（健康な心と体）
- ●遊びや活動、運動会などの行事を通して自分なりに目標をもって繰り返し取り組むようになる。（健康な心と体、自立心、道徳性・規範意識の芽生え）
- ●友達と勝負に対する気持ちや共通の目的について考えていることや気づいたことを言葉で伝え合うようになる。（健康な心と体、自立心、協同性、思考力の芽生え、言葉による伝え合い）❺
- ●次の活動や1日の流れへの見通しをもって生活するようになる。（健康な心と体、社会生活との関わり）
- ●遊びや運動会に向けての活動や生活のなかで、ルールを守り、もっている力を全力で発揮したり、必要なものや進め方について相談しながら取り組んだりするようになる。（自立心、協同性、道徳性・規範意識の芽生え、思考力の芽生え）
- ●秋の収穫物（サツマイモ）の大きさや数を比べて違いや量に関心がもてるようになる。（自然との関わり・生命の尊重、数量や図形、標識や文字などへの関心、言葉による伝え合い、豊かな感性と表現）❼
- ●身近な秋の自然を遊びや生活に取り入れ、季節の変化に気づき、不思議なことを調べ、発見したことを友達や保育者と共有するようになる。（自立心、思考力の芽生え、自然との関わり・生命尊重、豊かな感性と表現）

## 振り返り（評価）の視点

- ●仲間と共通の目的に向かって協力して取り組み、達成感や充実感を味わっていたか。❶
- ●自分なりに目標をもって意欲的に取り組み、満足感を味わえるような関わりができたか。
- ●身近な秋の自然に触れ、工夫しながら遊びに取り入れ表現することを楽しめるような環境の構成ができていたか。

❼いも掘りでは、掘るだけでなく、量や大きさなどの視点から考えたり、発見したりという経験ができるといいな。そして、数量への関心や収穫物の生長への関心が育っていくかな。

※月案の❶～❼は「週案作成にあたっての思い」に対応しています。同じ番号を見ていくと、つながりがわかります。

長期計画から短期計画を作る

# 第1週の週案を作ろう！

月案や子どもの姿から第１週の保育でしたいことを考えて、週案をたてます。

## 先月末の子どもの姿

❶運動会に向けて、クラスの仲間と相談したり、協力したりする姿が見られ、期待をもって取り組んでいる。
❷自分の考えや発見したことを友達に伝えたり、友達の思いを受け入れたりしながら工夫して遊んでいる。
❸友達と一緒に遊びや活動に必要な遊具や用具を用意したり、作ったりしている。

### 課題

❶自分の意見をうまく伝えられず我慢しているAちゃん。Bちゃんは少し、自分の思いを強引に進めていくときがあるな。
❷勝ちたい気持ちが育っているところはいいけれど、生活面、例えば食事や用具の片づけがいい加減なときがあるな。

## 保育者の気づき

①運動会のことで、私自身余裕がなかったかもしれない。子どもたちは運動会の活動以外で何に興味をもっていたかしら？　何をしていたかしら…見えていないな、反省。
②自分に余裕がないから、子どもたちの活動にメリハリがないと余計に感じるのかも。子どもに要求するばかりではなく、一緒に１日の流れを確認したり、メリハリをもてるようにしよう。
③行事と日常の生活を切り離さず、連続性をもって考えないと！　日常があっての行事！　ゆったりできる時間を確保しよう。

## 第1週の保育でしたいこと

### ここを育てたい！　広げたい！

●５歳児にとって最後の運動会。クラスとしての達成感を味わえるように。自己発揮できるように。
●自分の思っていることを伝える、相手の気持ちを受け入れるなど、伝え合いがもっと育つといいな。
●自分たちから活動の準備を行ったりするように。
●みんなで協力してダイナミックに遊べるといいな。

### 配慮が必要なこと

●自分たちで気づいて1日の流れの見通しをもったり、やることはやるというようなメリハリの意識がもっともてるようになるといいな。
●やりたいこと、考えていることをみんなで共有して乗り越えたり、工夫したりして達成感を味わえるといいな。

## 課題に対する保育者の願い

思いを伝えたり、相手の思いを受け入れたりするところがもっと育つといいな。

生活面とのバランスやメリハリは大切。やることはちゃんとやろう。

## 子どもの本音

- 「運動会楽しみだな。お父さんお母さんが来てくれる！」
- 「リレー、絶対勝つぞ！」
- 「先生、ちょっと怒ってばっかり…」
- 「先生、『早く早く』ってよく言うな…」
- 「○○の遊びもしたいな」

そのために必要なねらいは？
活動は？
環境構成は？
援助は…

**第1週の週案をたてていこう！**

# 10月第1週 週案

| 前週の子どもの姿 | ●リレーやダンスなど運動会に向けての活動を繰り返し行い、楽しんでいる。❶<br>●運動会で使う用具を用意したりダンスで使う道具を作ったりして、行事への意欲的な姿が見られる。 | 行事 | 運動会（9日） |
|---|---|---|---|
| ねらい | ●運動会に期待をもち、自分の力を十分に発揮する喜びを味わう。❶<br>●クラスの友達（仲間）と共通の目的をもって取り組み満足感や充実感を味わう。❸❺ | | |
| 予想される活動 | ●自分で決めた目標に向かって繰り返し取り組む。<br>●友達と一緒にリレーやダンスに取り組み、リレーの順番や運動会当日の5歳児クラスが行うことなどを話し合ったり確認したりする。❸❺<br>●1日の流れを確認したり、伝え合ったりする。<br>●友達と砂場で大きな山やダムを作る。<br>●園庭でバッタなど虫探しやどろけいなどの鬼ごっこをする。<br>●音楽をかけダンスを見せ合ったり、ダンスで使う衣装やマイクを作ってダンスショーをしたりする。<br>●保育者や友達と一緒に歌をうたう。（「うんどうかいのうた」「園歌」）<br>●保育者の読み聞かせを見る。（絵本『ともだちや』、『ともだちおまじない』） | | |
| 環境構成 | ●意欲的に取り組めるように、リレーのバトンやゴールテープなどはすぐ始められる場所に置いておく。❷<br>●ダンスに使う音楽のCDや道具を入れたかごは一緒に置いておく。<br>●他の年齢との活動や遊びの場について職員同士で共有し、場の整理をしておく。❹❺ | | |
| 保育者の援助と留意点 | ●クラスとして勝った嬉しさや負けたくやしさなどさまざまな気持ちを共有できるように言葉で伝え合う機会をつくる。<br>●自分なりの頑張りや達成感を感じられるように、応援の言葉をかけ目標に向けて取り組めるようにする。❸<br>●友達と工夫したり考えたりして取り組み一緒に喜びが感じられるように、リレーの順番やバトンの渡し方についてクラスやグループごとでの話し合いの場を設ける機会をつくる。❸❺<br>●運動会当日は、自信をもって参加できるように、一緒に流れを確認したり自分たちで気づけるような声かけをしたりする。 | | |
| 振り返りの視点 | ●運動会に期待をもち、自分の力を十分に発揮する喜びを味わえたか。（子）❶<br>●クラスの友達（仲間）と共通の目的をもって取り組み満足感や充実感を味わうことができるような機会を設けたか。（保）❸ | | |

※❶〜の番号は月案の❶〜の番号とつながりがあります。

実践へ

長期計画から短期計画を作る

# 実践！第1週の活動をしよう

いよいよ実践。どんな活動が展開されたのでしょうか。計画と実際の活動のズレにも注目です。

## 月曜日 みんなで話し合おう！

私が、「園生活最後の運動会」との思いに囚われていたと思います。その反省から、子どもたちの思いを聞くこと、運動会以外の活動も充実させることを意識しました。まず、月曜日は、子どもたちとグループごとに話し合いをしました。どうしたらもっとかっこよく踊れるか、楽しい運動会になるかなどを話し合ったところ、予想以上に考えや思いが出てきて、クラス全体での話し合いに発展。話し合った内容を元にみんなで踊ってみると、「楽しい！」との声がつぎつぎあがりました。

## 火曜日 さあ、リハーサル

月曜日のよい流れを受けて、運動会のリハーサルです。年長組として、司会や準備なども行いました。こちらは、はじめての経験のため、緊張する姿も見られました。

## 水曜日 遊ぶ！遊ぶ！とことん遊ぶ！

あえて思いっきり遊ぶ日にしました。月曜日と同じ遊びにダイナミックに取り組んでいました。特に、砂場でのダム作りでは、雨どいを使ってルートを作り、水を流しては歓声をあげるなど、盛り上がりました。

また、運動会の活動とのつながりが見られた遊びもあります。1つは、リレーごっこ。自分たちでコースを作り、チーム分けして保育者も巻き込みながら楽しんでいました。もう1つは、女児中心のダンスショーごっこ。リボンなどの装飾品へのこだわりや工夫が見られるとともに、リハーサルしてからショーを行うなど、運動会の活動を通じた経験が遊びにも生きています。たくさん遊んだので、子どもたちの表情もすっきり。運動会への期待とともに、緊張もあったのでしょう。

## 実際の活動の流れ

| 月 | 火 | 水 |
|---|---|---|
| ●運動会に向けての活動(リレー)<br>●砂場でダム作り<br>●ダンスショーごっこ<br>●リレーごっこ<br>●歌「うんどうかいのうた」「園歌」<br>●絵本『ともだちや』 | ●運動会に向けての活動<br>(全体リハーサル)<br>●歌「うんどうかいのうた」「きのこ」<br>●絵本『よーいどん！』 | ●砂場でダム作り<br>●ダンスショーごっこ<br>●リレーごっこ　●虫探し　●どろけい<br>●歌「うんどうかいのうた」「きのこ」<br>●絵本『かけっこ』 |

## 木曜日 振り返りから次へつなげよう

ダンスのリハーサルの映像をみんなで見ました。自分の姿に自信がついてきているようで、「やっぱりかっこいいね、○○組」と誇らしげです。また、「ここは○○するとかっこいいね」と工夫しようとする意見が出るなど、自分たちで考えて取り組む姿も見られます。話し合いの後に踊ったダンスはさらにイキイキとして頼もしいものでした。週の後半は、水曜日の遊びの続きがあちこちで見られ、遊びと運動会の活動のバランスもよくなっていきました。一方で、3・4歳児が「入れて」と来ても、断ったり、「どいて」と言ってしまう場面も…。クラスの友達に対しては相手の立場を考えられるようになってきていますが、異年齢児にはまだまだ。一緒に遊べるように援助したいと思います。

## 金曜日 わくわく、明日はいよいよ

少しダンスをした後、翌日の運動会について子どもたちと確認し合いました。

## 土曜日 運動会！

運動会当日は、クラス全員が参加できました。多少の緊張は見られたものの、一人ひとりが全力で頑張っていました。笑顔、頑張る顔、喜び合う顔、どの表情もとっても素敵！

### 保育者の予想

- 運動会に向けての話し合い場面では、グループごとではそれなりに話し合いができ、自分たちで作戦などを考えられると思う。
- 運動会に向けての活動で、異年齢の子たちとの関わりが増える。(仲間に入れてほしい3・4歳児と一緒に工夫して遊ぶ)

### 実際は？

- グループでの話し合いがクラス全体へと発展した。予想以上に話し合いの仕方や協同性が育っている！
- 勝つこと・上手にやることへの思いが強く、3・4歳児に「危ないからどいて」と言ってしまい、一緒に遊べない。

### ズレへの対応

- 異年齢児を仲間に入れて、ルールなどを工夫して遊ぶと予想したので残念。3・4歳児の思いを代弁して一緒に遊べるようにしたい。

| 木 | 金 | 土 |
|---|---|---|
| ●運動会に向けての活動(ダンス) | ●運動会に向けての活動(リズム)<br>●運動会の準備 | ●運動会 |
| ●歌「うんどうかいのうた」「きのこ」<br>●絵本『ともだちごっこ』 | ●歌「うんどうかいのうた」「園歌」<br>●絵本『ごめんねともだち』 | |

# 第1週を振り返り、第2週の週案

第1週の保育を振り返りながら、第2週の週案をブラッシュアップしていきます。

## 第1週の子どもの姿

❶友達とリレーの順番やバトンの渡し方などについて自分の考えを伝えたり話し合ったりしている。
❷運動会当日の役割について、友達や保育者と確認したり必要なものを考えて準備したりしている。
❸運動会当日は、友達と一緒に協力して進めたり、自分の力を発揮したりして達成感を味わった。

### 課題

❶一生懸命になり過ぎて、周りで遊んでいたり見ていたりする3・4歳児への態度が横柄なところがあったり、少し自己中心的な態度があったりしたな…。
❷運動会中心で他の遊びの経験があまりできなかったな。

グループ内での話し合いや遊び仲間の中での活動を予想していたけれど、クラス全体で話し合ったり取り組んだりする姿が見られるようになった。
一方、3・4歳児への関わりが自己中心的なところがあった。異年齢児との関わりも含めた取り組みになってほしかったのだけど…。

### 保育者の気づき

①運動会への取り組みの捉え方を反省したので、子どもと一緒に考え、工夫して、意欲をもって取り組める運動会になった！　クラスとしての達成感、一人ひとりの充実を感じることができたと思う。
②話し合う・考える・相談する機会が増え、自分の行動に自覚が出て、生活のメリハリも出てきた。
③行事の経験を日々の遊びに生かさないと！　あらためて子どもたちの興味関心をしっかり捉えて、必要なものや場の環境を整えて、遊びを充実させよう。

### ここを育てたい！　広げたい！

●運動会の経験を通して、遊びに必要なものを自分たちで用意することや、考えて遊ぶことがもっと経験できるといいな。
●新しいゲームにもみんなでチャレンジしてほしいな。ルールを自分たちで考えるおもしろさを経験してほしいな。
●メリハリのある過ごし方は意識してほしいな。

### 配慮が必要なこと

●3・4歳児に運動会のダンスやリレーを教えてあげる経験から思いやりや伝え方などの育ちがあるといいな。
●せっかくいろいろな動きのおもしろさを経験していたから、次に遊びにつながるといいな。例えば、動くことがおもしろいからこれまでのペープサートごっこを動くペープサートにしたら、表現が増えるかな。

# を作ろう！

P D A C

### 課題に対する保育者の願い

❶3・4歳児が、5歳児に憧れを感じながら、楽しく関わりがもてるといいな…。
❷運動会への活動が中心だったから、遊びもなんとなく単発だったかも。じっくり遊べるといいな…。

### 子どもの本音

・「先生、『一緒に運動会を楽しもう！』って言ったり、運動会のことじゃないときは、一緒に鬼ごっこをしたりして楽しかった。」
・「『みんなでやった！』と思えた。」
・「おうちの人に『かっこよかったね』って言われて嬉しかった。」

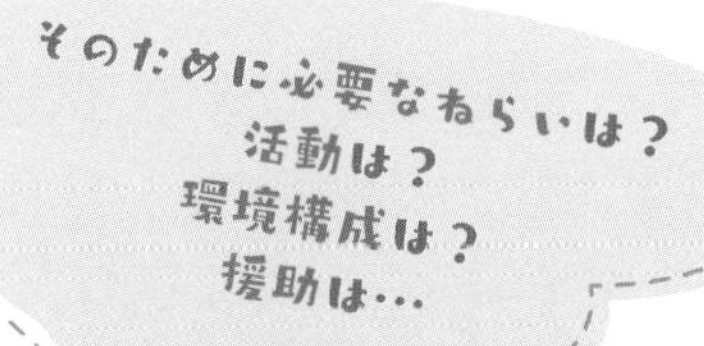


**第2週の週案をたてていこう！**

## 10月第2週 週案

| 前週の子どもの姿 | ●運動会に向けて、友達とリレーの順番やバトンの渡し方などについて考えを伝え合ったり、相談したりしている。❺<br>●運動会当日の役割について、友達や保育者と確認したり必要なものを考えて準備したりしている。<br>●運動会当日は、友達と一緒に協力して進めたり、自分の力を発揮したりして達成感を味わった。❶ | 行事 | 避難訓練(14日) |
|---|---|---|---|
| ねらい | ●運動会で経験したことを遊びに取り入れ、自分なりの表現を味わう。<br>●3・4歳児(または異年齢児)と工夫しながら遊びを楽しむ。❹ | | |
| 予想される活動 | ●運動会で使った道具や用具、音楽を使って運動会ごっこをする。❹<br>●3・4歳児に運動会で踊ったダンスを教えながら一緒に踊る。❹<br>●リレーなどの競技に3・4歳児が参加してきたら、やり方を教えながら一緒に行う。❹<br>●異年齢児と一緒に行うときのルールや必要な道具を考え、工夫して展開する。❹<br>●ルールのある遊びをする。(どろけい、どんじゃんけん、サッカーなど)<br>●自分たちで考えたポーズや踊りを行ってみたり、伝え合ったりする。<br>●動きのある人形を作って、人形を動かしながら遊ぶ。(画用紙、割り箸、割りピンなど)<br>●避難訓練をする。<br>●歌「世界中のこどもたちが」「きのこ」<br>●保育者の読み聞かせを見る。(『エルマーのぼうけん』、『おちばいちば』) | | |
| 環境構成 | ●運動会ごっこが楽しめるように、運動会で使った道具や用具(ダンスで使った衣装やリレーのバトンなど)をすぐ使えるところに用意しておく。❹<br>●リレーごっこが楽しめるように、ラインや場所を確認しておく。❹<br>●自分たちで考えたダンスが踊れるように音楽を用意しておく。❹<br>●作りたいもの・表現したいものが製作できるように、画用紙など必要なものを用意しておく。 | | |
| 保育者の援助と留意点 | ●自分たちで工夫して運動会ごっこが楽しめるように、見守ったり、チームの仲間となって参加したりする。❹<br>●3・4歳児も安心して遊びに参加できるような関わりをもてるように、さりげなく困っていることを伝えたり、自分たちで考えられるような言葉をかけたりする。❹<br>●自分たちで考えたさまざまな動きを楽しめるように、一緒に同じ動きに挑戦したり、多様な動きが経験できるように新しい動きを提案したりする。<br>●イメージしたものが表現できるように、一緒に作り方を考える。 | | |
| 振り返りの視点 | ●運動会で経験したことを遊びに取り入れ、自分なりの表現を味わえるような環境や関わりができたか。(保)❹<br>●3・4歳児(または異年齢児)と工夫しながら遊びを楽しんでいたか。(子)❹ | | |

※❶〜の番号は月案の❶〜の番号とつながりがあります。

# 参考 5歳児 年間計画

| 年間目標 | ◎保健的で安全な環境をつくり、一人ひとりの子どもの欲求を十分に満たしながら、生命の保持と情緒の安定を図り、快適に生活できるようにする。 | | 幼児期の終わりまでに育ってほしい姿 |
|---|---|---|---|
| **年間区分** | **1期(4～5月)** | **2期(6～8月)** | |
| **ねらい** | ○年長児としての意識をもち、保育者や友達と一緒に意欲的に生活する。<br>○クラスの友達や異年齢の友達と親しみをもって関わる。<br>○春の自然に親しみ、動植物に触れたり、世話をしたりする。 | ○自分でできることの範囲を広げながら、健康や安全などの意味やきまりがわかり、危険を避けて行動する。<br>○集団のなかで自分の意見を主張したり人の考えを聞いたりしながら、友達とのつながりを広げたり深めたりする。<br>○身近な自然や動植物に触れながら、おもしろさや不思議さ、美しさを感じる。 | |
| **内容 養護 生命・情緒** | ○子ども一人ひとりの健康状態や発育、発達状態を把握し、異常を感じた場合は適切に対応する。<br>○子ども一人ひとりの気持ちや考えを受け止め、安心して過ごせるようにする。 | ○梅雨や夏の保健衛生に留意し、快適に過ごせるようにする。<br>○自分の気持ちや考えを安心して表すことができるようにする。 | |
| **内容 教育 健康** | ○生活の仕方や流れがわかり、当番活動を積極的に取り組む。<br>○友達と一緒に、全身を使ってさまざまな遊びを展開する。 | ○梅雨期や夏期の生活の仕方を知り、快適に過ごす。<br>○水、砂、泥などのさまざまな素材に触れ、全身を使ってダイナミックな遊びを展開する。 | |
| **内容 教育 人間関係** | ○異年齢の友達に親しみをもって世話をする。<br>○生活するなかで、集団のきまりの大切さに気づき、守ろうとする。 | ○遊びに必要なものを友達と考え、試したり工夫したりしながら協力し合って作る。<br>○良い悪いを判断し人に迷惑をかけないよう、譲り合ったり協力し合ったりして生活する。 | |
| **内容 教育 環境** | ○春の自然に触れ、美しさや季節の変化を知る。<br>○文字、数、量、形、時間などを遊びや生活のなかに取り入れ、興味、関心を深める。 | ○小動物の世話を通して成長や命の尊さを知る。<br>○収穫した野菜を食べることで栽培物の生長に関心をもち、食に対しての意欲を高める。 | |
| **内容 教育 言葉** | ○保育者や友達の話に興味や関心をもって聞いたり、自分の思いを伝えたりする。 | ○相手の話を聞き、お互いの思いや考えを受け止めようとする。 | |
| **内容 教育 表現** | ○感じたことや想像したことをさまざまな素材や用具を使い、描いたり作ったりする。 | ○友達と一緒にさまざまな音楽を聴いたり踊ったりして、リズムの楽しさを味わう。 | |
| **環境構成◆ 配慮事項◇** | ◆一人ひとりの様子を把握し、使い慣れた道具や新しい道具を用意して、自分のしたい遊びが十分できるようにする。<br>◇他クラスと連携をとり、異年齢の友達への親しみをもつ気持ちを引き出したり、関わり方を知らせたりする。 | ◆身近な自然に対して疑問に思ったことを調べられるように、図鑑や自然物に関する本を用意しておく。<br>◇子どもたちが互いにイメージを出し合って遊べるよう、保育者も遊びに参加しながら、必要なものを作ることができるようにするとともに、子どもの気づきに共感する。 | |
| **家庭・地域との連携** | ○年長組になってはりきっている姿や自分でやろうとしている姿を捉え、保護者との信頼関係を築いていき、認めることの大切さを伝えていく。<br>○健康や保健衛生について家庭でも配慮してもらい、健康的な習慣が身につくよう協力を得る。 | | |

50 ～ 57ページ掲載の指導計画の年間計画です。つながりを確認してみましょう。

●健康で安全な生活に必要な習慣や態度を身につけ、見通しをもち自ら進んで行動する。
●自分なりに考えたり工夫したりしながら諦めずやり遂げ、達成感を味わい、自信をもって行動する。
●自分の思いを伝えたり、相手の思いに気づいたりしながら、協力して物事をやり遂げる大切さや充実感を味わう。
●自分の気持ちを調整し、友達と折り合いをつけながら、きまりの大切さがわかり守る。
●地域の人に自分から親しみの気持ちをもって接し、自分が役に立つ喜びを感じる。
●身近な事象に積極的に関わるなかで、物の性質や仕組みを活用し、考えたり工夫したりする。
●自然に触れて感動する体験を通じて、自然の大きさや不思議さを感じ、命あるものを大切にする気持ちをもつ。
●生活のなかでものの性質や数量、図形、文字、時間などに関心や感覚をもつ。
●人の話を注意深く聞き、理解し、自分の思いも相手にわかるように話す。
●友達同士でお互いに表現し合うことで、さまざまな表現のおもしろさに気づいたり、友達と一緒に表現する過程を楽しんだりする。

| 3期(9～12月) | 4期(1～3月) |
|---|---|
| ○友達と共通の目的に向かって取り組むなかで、協力し合うことの大切さや、やり遂げた達成感を味わう。<br>○さまざまな遊具や用具を使い、運動遊びや集団遊びなど、体を動かすことを楽しむ。<br>○身近な社会事象や自然の変化に関心を深め、感性を豊かにする。 | ○友達と共通の目的をもち、認め合いながら協力して遊びや生活を進め、充実感を味わう。<br>○身近な自然や環境に進んで関わり、興味や関心を深める。<br>○就学への期待をもち、見通しや目標をもって園生活を十分楽しむ。 |
| ○子ども一人ひとりの健康状態を把握し、気温の変化に応じて室内の温度調節や換気を行い、快適に過ごせるようにする。<br>○子どもの興味や活動を理解して遊びが楽しめるように環境を整え、意欲的に活動できるようにする。 | ○子ども一人ひとりの健康状態を把握し、感染症の予防に努め、異常のある場合は適切に対応する。<br>○子ども一人ひとりが自信をもって自己発揮しながら、意欲的に生活できるようにする。 |
| ○さまざまな運動に取り組み、失敗してもくじけず再び挑戦する。 | ○冬の健康に必要な習慣や態度を身につけ、自ら進んで行動する。 |
| ○行事などを通して公共のマナーを理解し、周りのことを考えて行動する。<br>○自分なりの目標を決め、友達と協力し合って物事をやり遂げようとする。<br>○遊びの進め方を友達と話し合い、協力したりきまりを守ったりして遊びに取り組む。<br>○地域の人と関わる喜びを感じ、感謝の気持ちをもつ。 | ○自分たちで決めたルールを守り、クラスやグループのなかで役割をもち、友達と協力し合う。<br>○自分の思いを伝え、相手の思いに気づき、折り合いをつけて遊びを進める。 |
| ○自然の変化、不思議さ、美しさなどに気づいたり、社会事象に関心をもったりする。<br>○さまざまな遊びに親しみ、素材の感触やものの質に気づいたり調べたりする。<br>○生活のなかで使う言葉や文字、記号に関心をもつ。 | ○冬から春の自然の変化に興味、関心をもち、不思議さや美しさなどに思いを巡らせて、友達と一緒に発見を楽しむ。<br>○身のまわりの文字や数などに関心をもち、生活や遊びに取り入れて楽しむ。 |
| ○経験したことや感じたこと、想像したことを描いたり演じたりと、さまざまな方法で自由に表現して楽しむ。 | ○自分の思いや考えを相手にわかるように話したり、相手の話を理解して聞こうとしたりして、お互いに伝え合う喜びを味わう。 |
| ○音楽に親しみ、感じたことや考えたことなどを、音やリズム、動きで表現する楽しさを味わう。 | ○材料や用具を目的に合わせて選び、感じたことや考えたことをさまざまな表現方法で表す。<br>○卒園準備や行事を通して、就学に期待をもつ。 |
| ◆友達と工夫して一緒に活動が進められるよう、用具や材料を準備しておく。<br>◆意欲をもって安全に運動遊びが楽しめるよう、遊具や用具を準備する。<br>◇目標に向かって取り組むなかで、頑張っている姿を認めたり、その姿を周りの子どもに知らせたりすることで、互いに認め合えるようにする。 | ◆お正月の遊びをきっかけに、文字や数を遊びの環境のなかに取り入れていき、興味がもてるようにする。<br>◇思いが相手に伝わる喜びを味わえるように、自分の感情をコントロールすることや、相手の気持ちを考えて話すことを伝えていく。<br>◇卒園に向けて行事や準備に取り組むなかで、園生活を振り返る機会をもち、身近な人やものに感謝する気持ちをもてるようにする。 |
| ○園と家庭で情報を交換し、個人懇談を通して就学へ向けての準備をしていく。<br>○園庭開放、地域の交流会などで地域の人と触れ合う機会をもつ。<br>○地域の行事に参加する。 | ○一日入学で小学校の生活を知る機会をもつ。 |

玉野市立保育園・認定こども園5歳児年間計画。内容を一部変更。

# 月案から週案を考えよう！

週案を作るとき、月案からどんなことを考えるか、“デキる保育者”の頭の中をのぞいてみましょう。

## 考え方の大まかな流れ

### 今月の大きな流れ

【低月齢】探索行動がより活発になって、自分でやりたい気持ちが出てきそう。水遊びを楽しむ機会も増えそうだな。

【高月齢】「やってみたい！　できた！」の経験が生活や遊びのなかで増えそう。ビニールプールでの水遊びにチャレンジ！

### 月初めの子どもの姿

【低月齢】興味のある所やものへの関わりが増えて、自分でやろうする意欲が出てきているな。水遊びは嫌がる子も。

【高月齢】思いを言葉で表現しようとし、排泄(はいせつ)や着替えなども自分でしようとしているな。水遊びにも慣れてきて気持ちよさそう。

### 第1週に何をする？

【低月齢】食事などで、自分でやってみたいことが経験できるようにしたい。水遊びでは水に慣れ、気持ちよさを感じられるようにしたい。

【高月齢】言葉やしぐさで保育者とのやりとりをより楽しめるようにしたい。ビニールプールでの水遊びの反応が楽しみ！

## 7月 月案

| 先月末の子どもの姿 | |
|---|---|
| 低月齢 | ●気になるものの所へ歩いていき、手に取っ<br>している。❶<br>●自分でスプーンを使って食べようとしたり、<br>たり、コップを両手で持って飲もうとして<br>●水遊びのとき、たらいに手を入れて水を触<br>て喜んでいる子ども、水がかかると嫌がる |

| | 月のねらい | 保育の内容（養護・5領域） | 環境構成 |
|---|---|---|---|
| 低月齢 | ○自分でスプーンを使って食べることに喜びを感じる。❷<br>○さまざまな水遊びで水に慣れ、水と触れ合う気持ちよさを感じる。❹ | ●気になる場所やものの所へ歩いていき、手に取ったり触ったりする。❶<br>●自分から保育者や友達の所へ行ったり、しぐさや言葉をまねしたりする。<br>●保育者に手伝ってもらいながらスプーンで自分で食べようとする。❷❸<br>●保育者と水遊びの玩具を使いさまざまな水遊びをする。❹ | ●自分で歩いて探したり、手にとって触れたりすることができるように、玩具の置き場所を工夫しておく。❶<br>●使いたい玩具を使って、遊びが楽しめるように、数を多めに用意しておく。 |
| 高月齢 | ○排泄や食事などを保育者と一緒に行おうとしたり、手伝ってもらいながら自分で行おうとする。❺<br>○水や砂、土などさまざまな素材に触れる心地よさを感じる。❻ | ●自分で排泄のときにパンツの着脱をしようとする。❺❼<br>●気になる所へ「来て」「一緒ね」などといいながら保育者の手を引いて一緒に行こうとする。❽<br>●玩具を使って、水や砂、泥と触れながら繰り返し遊ぶ。❻ | ●排泄の際、自分でパンツなどの着脱が行いやすいように、座ってできる椅子やベンチなどをトイレの近くに置く。❼<br>●さまざまな素材に触れながら遊びが楽しめるように、多めに玩具や道具を用意したり大きさや形の種類を工夫しておく。❻ |

### 健康および安全

●一人ひとりの体調やペースに合わせてこまめな水分補給やゆったり休息できるような空間や時間を確保し、空調の調節に配慮する。（健康）

●暑くなってきて、個々の食欲や食べるペースが変わってくるので、その都度対応していく。（食育）❸

●水遊びでは、たらいやプールの水の量や水温、周りの環境に十分気をつけて安全に楽しめるようにする。（安全）❹❻

❻【高月齢】水に慣れてきた。水遊び用の玩具も増やそう。反応はどうかな？　水の量も考えて安全面には気をつけないとね。

❺【高月齢】自分でできる嬉しさにちゃんと共感したいな。そして自信になるように、もちろん他児との比較はだめ。個々のペースを大切にしよう。

週案作成にあたっての思い

❶【低月齢】歩ける嬉しさ、喜びを大切にしたいな。「だめっ」ではなくて、「どちらへ？」の好奇心を私自身ももちたい。探索、好奇心の育ちのためには、安全面や行きたくなるような環境構成も大切ね。

❷【低月齢】自分でやりたい気持ちを大切にしたい。うまくできないかもしれないけれど、「やってみよう」の気持ちが大切。そこが育ちの芽！　だから余裕をもって見守っていこう。

❸【低月齢】意欲的に食べることは嬉しい！　でも、暑くなってきて体力が心配なので、食事のときに量も気をつけよう！

❹【低月齢】どんどん暑くなって来てるから、水遊びが気持ちいいと感じられるようになるといいな。でも、体力の配慮は忘れずにね。

たり、触ったり

手づかみで食べている。❷

っては声を出し子どももいる。❹

| 高月齢 |
|---|
| ●排泄を保育者に知らせ保育者の手をとり、一緒にトイレに行こうと促す姿が見られる。❺<br>●「ねっ」「あっち」などと言葉で保育者や周りの友達に知らせている。❽<br>●水遊びのとき、じょうろを使ってたらいにある玩具に水をかけることを繰り返し楽しんでいる。❻ |

| 行事 |
|---|
| 七夕(7日)<br>身体測定(21日)<br>避難訓練(27日) |

| 保育者の援助と留意点 |
|---|
| ●安心して好きな動きや遊びができるように、自分から気になる場所に行きたい気持ちを受け止め、見守ったり、一緒に遊んで気持ちを共有する。❶<br>●自分で食べようとする意欲を受け止め、食べる楽しさや自分で食べた喜びを感じられるようにする。❷❸<br>●水の気持ちよさを感じられるように、安全面に配慮しながら一緒に水遊びを楽しむ。❹ |
| ●自分からパンツの着脱を行っているときはゆったり見守ったり、できないところはさりげなく手伝ったりして、自分でできた喜びを感じられるようにする。❺❼<br>●玩具を使って水や砂、泥に触れる心地よさや繰り返し遊ぶ楽しさが感じられるように、一緒に同じ玩具を使って遊んだり、心地よさを言葉で伝えたりする。❻<br>●言葉やしぐやで伝え、気持ちを共有する安心感や心地よさ、受け止めてもらえる安心を感じられるように、伝えたいことを言葉で繰り返したり共有の言葉を伝えたりしながら丁寧に応答していく。❽ |

| 1歳児期の終わりまでに育ってほしい姿 | |
|---|---|
| 健康な心と体<br>自立心<br>協同性<br>道徳性・規範意識の芽生え<br>社会生活との関わり<br>思考力の芽生え<br>自然との関わり・生命尊重<br>数量や図形、標識や文字などへの関心・感覚<br>言葉による伝え合い<br>豊かな感性と表現 | ●保育者に手伝ってもらいながらスプーンを使って自分で食べようとするようになったり、自分で排泄のときにパンツの着脱をしようとするようになる。(健康な心と体、自立心)❷❺<br>●気になる場所やものの所へ歩いていき、手に取ったり、触ったり、つかんだりするようになる。❶(健康な心と体、自立心、社会生活との関わり、思考力の芽生え、自然との関わり・生命尊重)<br>●自分から保育者や友達の所へ行ったりしぐさや言葉をまねようとしたり、気になる所へ「来て」「一緒ね」などと言いながら保育者の手を引いて一緒に行こうとするようになる。(健康な心と体、自立心、社会生活との関わり、言葉による伝え合い、豊かな感性と表現)❽<br>●保育者と水遊びの玩具を使い、さまざまな水遊びをしたり、水や砂、泥に触れながら繰り返し遊んだりするようになる。(健康な心と体、協同性、思考力の芽生え、自然との関わり・生命尊重、豊かな感性と表現)❹❻ |

❽【高月齢】伝えたい思いを感じる。興奮してよくわからない言葉だらけだけど、しっかり受け止めて、やりとりのおもしろさや嬉しさをもっと感じられるようにしていきたいな。

| 保護者および地域の子育て支援 |
|---|
| ●水遊びを行う際の健康チェック表の記入についての方法、ならびに依頼を伝え、また毎日の体調について直接連絡し合っていく。<br>●夏の感染症(とびひ、みずいぼなど)について予防や対応などの情報を知らせていく。 |

| 振り返り(評価)の視点 | |
|---|---|
| 低月齢 | ●自分でスプーンを使って食べることに喜びを感じられるような関わりができたか。(保)<br>●さまざまな水遊びで水に慣れ、水と触れ合う気持ちよさを感じられたか。(子) |
| 高月齢 | ●排泄や食事などを保育者と一緒に行ったり手伝ってもらいながら自分で行おうとしていたか。(子)<br>●水や砂、土などさまざまな素材に触れる心地よさを感じられるような気持ちの共有や関わりができていたか。(保) |

❼【高月齢】「自分でできた！」「やってみたい！」となるように援助していこう。

※月案の❶～❽は「週案作成にあたっての思い」に対応しています。同じ番号を見ていくと、つながりがわかります。

長期計画から短期計画を作る

# 第1週の週案を作ろう！

月案や子どもの姿から第1週の保育でしたいことを考えて、週案をたてます。

## 先月末の子どもの姿

❶【低月齢】自分でスプーンを使って食べようとしたり、手づかみで食べたり、コップを両手で持って飲もうとしている。

❷【高月齢】「ねっ」「あっち」などと言葉で保育者や周りの友達に知らせている。

### 課題

❶【低月齢】自分で食べたい気持ちから、早々に椅子に座って食事の要求。うーん、遊びももっとしたいけど、バランスが難しいな。

❷【高月齢】やりとりがおもしろくなってきているけれど、うまく伝わらないと目の前のものを投げてしまうことがあるな。

## 保育者の気づき

【低月齢】遊びや生活の場面ごとに区切りをつけ過ぎていたのかもしれない。私が先回りしてなんでもやってあげていた結果、それを待つ子どもたち…。子どものやりたい気持ち、行動するチャンスを奪っているのかも？

【高月齢】さまざまなことに意欲的に生活している子どもたちなのに、つぎつぎと生活を流してしまって、受け止めきれていないな。突然怒ったり、泣いたりすることがある。やりたい気持ちに体力が伴っていないのかもしれない。こちらがゆったりした気持ちになること、生活の流れの見直しも必要だな。

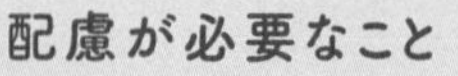

## 第1週の保育でしたいこと

### ここを育てたい！　広げたい！

- 【低月齢】もっとやりたい気持ちを実践できるような環境や内容の工夫をしよう。育つチャンスをつくろう。
- 【高月齢】一人ひとりの思いをくんだ丁寧なやりとり。言葉で伝えることの嬉しさをもっと味わえるようにしたいな。

### 配慮が必要なこと

- 【低月齢】やりたいことができるチャンスを確保するため、生活の流れを工夫する。(時間配分：詰め込み過ぎない、自分でやってみるのを待てる時間をもつ)
- 【高月齢】やりとりを楽しむ保育者自身の心の余裕と時間の確保。

## 課題に対する保育者の願い

❶【低月齢】自分で食べたい気持ちをさまざまな意欲へつなげたい。
❷【高月齢】伝わる、伝わらないとかではなく、思いをしっかり受け止めてやりとりの楽しさを大切にしたい。

## 子どもの本音

低月齢
「うまくできない。でもやりたい！」
「先生がなんでも先にやってくれちゃう。」

高月齢
「自分でできるようになって嬉しいな。」
「先生、ママ、聞いて！」

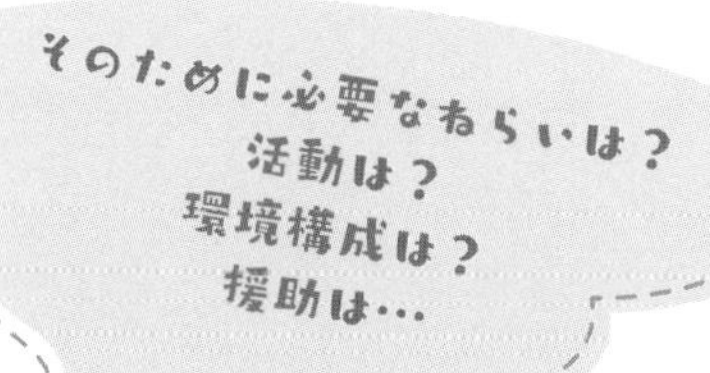

そのために必要なねらいは？
活動は？
環境構成は？
援助は…

**第1週の週案をたてていこう！**

# 7月第1週 週案

| 行事 | 七夕(7日) |
|---|---|

| | 低月齢　T児(1歳5か月) | 高月齢　S児(2歳2か月) |
|---|---|---|
| 前週の子どもの姿 | ●好きなものを歩いて取りにいき、保育者に渡すことを繰り返し楽しむ。❶<br>●水に慣れてきて、保育者の手や自分の体に水をかけて楽しむ。❹<br>●自分で食べたい気持ちが強くなり、食事の時間を楽しみにしている。❷ | ●自分からパンツを脱いでトイレに行くことが増えてきている。❺<br>●「どうぞ」といいながら、ものの受け渡しを繰り返し楽しむ。❽<br>●玩具を使いながら水や砂、土の遊びを楽しんでいる。❻ |
| ねらい | ●保育者とのやりとりを楽しむ。<br>●水に慣れ、玩具を使いながら水遊びを楽しむ。❹ | ●食事や排泄(はいせつ)・着脱など自分から行ってみようとする。❺<br>●玩具を使いながら、水や砂、土の冷たさや感触を味わう。❻ |
| 予想される活動 | ●行きたい所へ自分で歩いていき、気になるものをつかんだり保育者に渡したりする。❶<br>●自分でエプロンを着けようとしたり、スプーンやコップを手に取り、食事が始まることを楽しみにする。❷<br>●水遊びでは、たらいに手を入れ水を混ぜたり、容器に水を入れたりして遊ぶ。❹ | ●トイレ前のベンチに座ってパンツを脱ぎ、トイレに行く。❺<br>●スプーンを使って自分から食べる。苦手なものは食べようとしない。<br>●じょうろに水を入れ、保育者や自分にかける。❻<br>●コップやバケツにスコップを使って砂や泥を入れ、手でかき混ぜる。<br>●保育者や他児と「どうも」「ありがと」などのやりとりをする。❽ |
| 環境構成 | ●安全に歩けるように、机などの配置や床の段差の確認をしておく。❶<br>●自分から手に取れるように、玩具を置く高さや配置を工夫しておく。<br>●安全に水遊びができるよう、水の量や使用する玩具を確認する。❹ | ●脱いだパンツを自分で履きたくなるように、パンツの向きを整えておく。❺❼<br>●砂や泥遊びは、安全に遊べるよう日陰をシートや木などでつくる。❻<br>●水遊びの後は、ゆったり休めるようにござなどを敷いておく。❻ |
| 保育者の援助と留意点 | ●自分で行う喜びが感じられるように、「自分で用意したの、すごいね」などと言葉をかけたり、しようとしていることを見守ったりする。❷<br>●他者とのやりとりの楽しさが感じられるように言葉をかける。<br>●安心して水遊びが楽しめるように、「お水冷たくて気持ちいいね」と気持ちを共有する。❹ | ●難しいところはさりげなく手伝って自分で排泄や着脱ができた喜びが感じられるようにする。❺❼<br>●やりとりの繰り返しの楽しさが感じられるように声をかける。❽<br>●水の冷たさ、砂や土、泥の感触の心地よさや素材のおもしろさを感じられるように「ぺとぺとして気持ちいいね」などと保育者が手をどろどろにして見せるなどする。❻ |
| 振り返りの視点 | ●保育者とのやりとりのおもしろさを味わえるような工夫したやりとりができたか。<br>●水に慣れ、玩具を使いながら水遊びを楽しんでいたか。❹ | ●食事や排泄・着脱など自分で行う喜びを味わえるような関わりや援助ができていたか。❺<br>●玩具を使いながら、水や砂、土の冷たさや感触を味わっていたか。❻ |

※❶～の番号は月案の❶～の番号とつながりがあります。

実践へ

長期計画から短期計画を作る

# 実践！ 第1週の活動をしよう

いよいよ実践。どんな活動が展開されたのでしょうか。計画と実際の活動のズレにも注目です。

## 低月齢

### 週の前半 やりとりを楽しもう

登園後からさっそく探索行動開始！　探索が楽しめるように、ままごとの野菜をかごに入れてテーブルに置いておきました。さっそくみつけて手に取り、保育者の所まで「あい」と届けてくれました。「ありがとう」と受け取るとうれしそうな笑顔。また、別の野菜を取りに出かけて行きました。次の日も次の日も…。この繰り返しが楽しいんですよね。

そして、月曜日からたらいでの水遊びがスタートしました。ペットボトル、牛乳パックシャワー、プラスチックの魚、ミニバケツなど、新しい水遊び用の玩具を用意したこともあり、先週は水を嫌がっていた子も興味津々。たらいのそばにしゃがんで、魚を捕まえたり牛乳パックのシャワーに上手に水を入れ「じゃー」と高月齢児のまねをしたりして楽しみました。

熱中症に配慮しながら、短い時間の散歩も２日ほど行いました。戸外を歩くのがうれしい様子で、気持ちよさそうです。公園では、草をむしり取り、「あい」と届けてくれました。どこでも「あい」は継続中です。

水曜日は七夕でした。保育者の歌に合わせてなんとなく口を動かしたり、七夕の絵本を見たり、お星さまのペープサートを見たりするなど、１歳児らしい行事の体験もしました。

### 週の後半 水って気持ちいい！

週の後半になると、水にずいぶん慣れてきて、たらいの中に入ったり、自分に「じゃー」と水をかけたりと楽しそうです。来週は高月齢の子どもたちと一緒にビニールプールにチャレンジできるかな！？

金曜日は疲れも出てきたのか、ござでごろごろと休息するときにうとうとしてしまう子も。みんなでごろごろするのがうれしくて、どこまでもごろごろと転がる子もいました。

## 実際の活動の流れ

| 月 | 火 | 水 |
|---|---|---|
| ●水遊び<br>●好きな遊び<br><br>●絵本『やさいのおなか』 | ●短時間の散歩<br><br>●手遊び・歌「きらきらぼし」<br>●絵本『じゃあじゃあびりびり』 | ●七夕<br>●短時間の散歩<br>●手遊び・歌「おほしさま」――<br>●絵本『おやさいとんとん』 |

## 週の前半　自分でできるって嬉しい！

子どもたちにとって、排泄（はいせつ）が自分でできる喜びは大きなものです。「できたー」とトイレから元気に叫んでいます。トイレわきのベンチが大活躍。ここで、自分でパンツやズボンを履いています（履こうと頑張っています）。一つひとつの場面で、やりたい気持ちを大切にしたいと思います。高月齢児は、水遊びもかなり慣れてきて、自分からたらいに入り、座ってお風呂のように気持ちよさそうにしている姿が見られました。

七夕はクラスみんなで体験。行事の雰囲気を1歳児なりに味わえたと思います。

## 週の後半　満喫！　水＆泥遊び

水遊びでは、コップにたらいの水を入れて「どうぞ、じゅーちゅ」と渡してくれました。私が「かんぱーい」と言うと、まねして「かんぱーい」。そのまま、泥遊びに移行することもしばしば。どろどろの手を保育者に見せてはうれしそうな様子でした。水や泥の感触を十分に味わっています。

園庭での水遊び中に、3・4・5歳児が育てている野菜を眺めたり、幼児組のプールを眺めたりするなど、3・4・5歳児に興味があるようです。

ござでごろごろするときは友達とくっつきながらごろごろしては笑っていました。みんなと同じなのがうれしいのですね。

### 保育者の予想

- 【低月齢】やりたいことを自分なりにやってみて、満足しそう。
- 【高月齢】自分でできたことややりとりなどのうれしさから繰り返しを楽しむかな。

### 実際は？

- 【低月齢】高月齢児の子どもの様子を思った以上に見ていて、トイレや水遊びでまねしながら取り組んでいた。
- 【高月齢】興味・関心の対象がどんどん広がっている。

### ズレへの対応

- 【低月齢】クラスみんなでゆったりできる時間をつくり、まねっこの機会を増やしてみよう。
- 【高月齢】水遊びの仕方など保育内容がマンネリにならないような工夫をしたい。

| 木 | 金 | 土 |
|---|---|---|
| ●水遊び → | → | ― |
| → | → | |
| ●紙芝居『ゴロゴロゴロン』 | ●絵本『つちどすん』 | |

# 第1週を振り返り、第2週の週案

第1週の保育を振り返りながら、第2週の週案をブラッシュアップしていきます。

## 第1週の子どもの姿

❶【低月齢】水に慣れ、容器に水を入れ、シャワーにして楽しんでいる。
❷【高月齢】水遊びに慣れ、水をジュースに見立てて保育者に渡したり、水面をたたいたりして喜んでいる。

### 課題

❶【低月齢】水遊び用の玩具が気に入ったのか、あれもこれもとほしがって、取り合いのトラブル多発…。
❷【高月齢】自分の体力の限界を超えて遊んでいる。水遊びも泥遊びも楽しいよね。

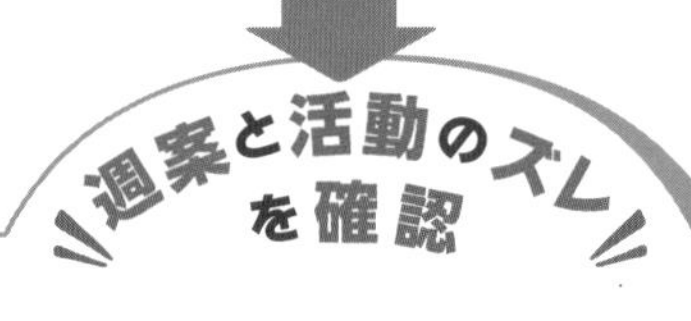


他者をまねしたり、他児の玩具を取ったりと、予想以上に他児への関心が増してきている。また、思った以上に興味・関心の幅が広がっている。

### 保育者の気づき

①暑くなってきたから、体力への配慮を十分にしよう。保護者へも伝えないと！
②【低月齢】エプロンを自分で着けようとしたり、トイレに行ってみたりと、探索行動ややってみたい思いから行動が広がっている！他の人をよく見ているから、人との関わりやまねするおもしろさを感じられるような機会を考えよう。私自身の余裕も大切ね。
③【高月齢】視野が広がって、試したい気持ちも育っているようね。たらいでの水遊びはジュースの見立てもしていて、思った以上に楽しんでいたから、玩具の工夫も必要かも。

## 第2週の保育でしたいこと

### ここを育てたい！　広げたい！

●【低月齢】やりたい気持ちを大切にしたい。やりとりも楽しんでほしいな。だからまねっこの機会をつくりたい。
●【高月齢】工夫した玩具を用意して、プール遊びを充実させたい。素材に触れる心地よさ、気持ちよさ、この時期ならではの水や泥の気持ちよさを十分に味わえるようにしたいな。興味を広げられるようにしたい。

### 配慮が必要なこと

●体力の消耗が心配。食事の量も含め、こまめな休息の工夫をしよう。

### 課題に対する保育者の願い

❶【低月齢】各自が好きなおもちゃを思いっきり使って楽しめるように…出し方の問題ね。反省。

❷【高月齢】休息の配慮を工夫しないと。午睡ではなくても、みんなでごろごろして休めるようにしよう。

### 子どもの本音

低月齢

「お水慣れてきたよ！」

「〇ちゃん（高月齢児）と同じことやりたい。」

高月齢

「水遊び楽しい！　もっとたくさんお水や泥で遊びたい！」

「（自分では気づいていないけど、）けっこうくたくた…」

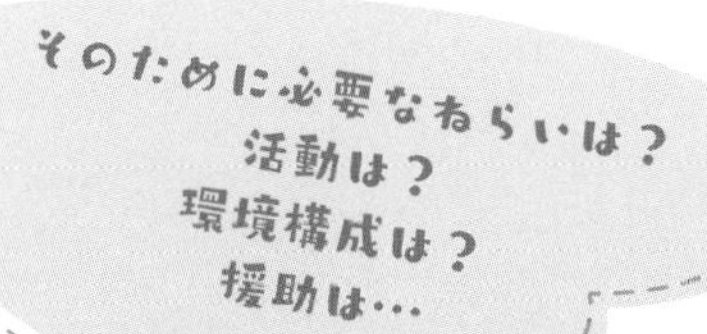


**第2週の週案をたてていこう！**

| 行事 | 身体測定（13日） |
|---|---|

## 7月第2週 週案

| | 低月齢　T児（1歳5か月） | 高月齢　S児（2歳2か月） |
|---|---|---|
| 前週の子どもの姿 | ●水に慣れ、容器に水を入れ、シャワーにして楽しんでいる。❹<br>●保育者や他児と一緒にござで横になることを喜んでいる。<br>●他児のまねをして自分でパンツを履こうとする。❷ | ●水遊びに慣れ、水をジュースに見立てて保育者に渡したり、水面をたたいたりして喜んでいる。❻<br>●排泄（はいせつ）のときパンツが履けると「できた！」と保育者に伝えてくる。❺<br>●自分でTシャツを着ようとする。❺ |
| ねらい | ●他児のまねをしながら自分でやってみたいところはやろうとする。❷<br>●保育者や他児と水遊びなどで一緒に過ごす心地よさを感じる。❹ | ●排泄や着替えなどを自分でやってみようとする。❺<br>●さまざまな水遊びを楽しむ。❻<br>●園庭の夏野菜に興味をもつ。 |
| 予想される活動 | ●他児のまねをしながらペットボトルなどを使って水遊びをする。❹<br>●水の中で拾ったものを保育者に「はい」「ねー」と言いながら渡す。❹<br>●パンツを自分で履こうとする。❷<br>●他児と一緒にござで横になる。<br>●夏野菜を見たり、触れたりする。<br>●気に入った玩具や絵本などを繰り返し楽しむ。<br>●ほしいものがあると他児のものをとってしまうこともある。 | ●プールの中を歩いたり、水を手でかき混ぜたり、水の中の魚をバケツに入れたりして遊ぶ。❻<br>●排泄時のパンツの着脱や、水遊び後の着替えを自分で行おうとしたり、保育者に手伝ってもらったりしながら行う。❺❼<br>●砂や泥遊びなどで、保育者に同じことを一緒に行うように伝えたり、やりとりを促したりする。❽<br>●保育者と一緒に夏野菜を見たり匂いをかいだりする。 |
| 環境構成 | ●たらいより広いプールでは安全に遊べるように特に水の量や玩具の場所を確認しておく。❹<br>●夏野菜に興味がもてるように、クラス（保育室）にかごに入れて見られるようにしておく。 | ●プールで安心して遊べるように、プールや玩具の場所、水量の確認や、着替えの場所との動線を工夫しておく。❻<br>●自分から着替えをする意欲がもてるように、落ち着いて着替えられる場所を用意しておく。❼ |
| 保育者の援助と留意点 | ●まねしながら自分で行おうとする意欲がもてるように、ゆっくり見守ったり、励みになる言葉をかけたりする。また、難しいところはさりげなく手伝う。❷<br>●安心感や一緒に過ごす心地よさを感じられるよう同じ動きをする。<br>●夏野菜に興味がもてるよう、「トマトまあるいね」など言葉をかけながら一緒に見たり触れたりする。 | ●たらいより広いプールで安心して遊べるように、保育者も一緒にプールに入る。❻<br>●排泄や着替えが自分でできた喜びを感じられるように、「できてうれしいね」などと喜びを共有できるような言葉をかける。❼<br>●夏野菜に興味がもてるように、保育者も一緒に触れたり「〇〇の匂いだね」と匂いをかいだりする。 |
| 振り返りの視点 | ●他児のまねをしながら自分で行ってみたいところを行えるような関わりができたか。（保）❷<br>●保育者や他児と水遊びやござで横になることなど一緒に過ごす心地よさを感じたか。（子）❹ | ●排泄や着替えなど自分でしたいことが行えるようにできたか。（保）❼<br>●プールで水遊びを楽しめるような関わりや工夫ができたか。（保）❻<br>●夏野菜に興味をもてるような環境や関わりができたか。（保） |

※❶～の番号は月案の❶～の番号とつながりがあります。

# 参考 1歳児 年間計画

| 年間目標 | ◎快い生活リズムのなかで、基本的な生活習慣を少しずつ身につける。<br>◎安全な環境のなかで、保育者に見守られながら発達に応じた活動を楽しむ。<br>◎探索活動を通して、十分に聞く・見る・触れるなどの経験をし、人や周りのものへの関心をもつ。<br>◎安定した人間関係のなかで、一人遊びを十分に行い、経験を通じて言葉を獲得する。 | 1歳児期の終わりまでに育ってほしい姿 |
|---|---|---|

| 年間区分 | | | 1期(4～5月) | 2期(6～8月) |
|---|---|---|---|---|
| ねらい | | | ○新しい環境に慣れ、安心して過ごす。<br>○生活の流れを知り、心地よく過ごす。<br>低 保育者のそばで安心して好きな遊びをみつけて楽しむ。<br>高 保育者に見守られながら、好きな遊びを十分に楽しむ。 | ○保育者との信頼関係を築きながら、安定して過ごし、周囲への好奇心や興味をもつ。<br>○保育者に手伝ってもらいながら、身の回りのことに興味をもち、自分でしてみようとする。<br>低 水遊びやプール遊びを楽しみ、夏を心地よく過ごす。<br>高 水・砂・その他さまざまな素材に触れ、自分なりに試すことを楽しむ。 |
| 内容 | 養護 | 生命・情緒 | ○一人ひとりの気持ちを受け止め、応答していくことを通して、信頼関係を築いていけるようにする。<br>○おむつの交換や手洗い、衣服の着脱などから、心地よさを感じられるようにする。 | ○子どもが自ら環境に関わろうとする姿を見守ったり共感したりして、主体的な遊びや活動が広がるようにする。<br>○衛生面や感染症に留意しながら、適切な水分や休息をとり、快適に過ごせるようにする。 |
| | 教育 | 健康/人間関係/環境/言葉/表現 | ○抱っこやおんぶなど、十分にスキンシップをとりながら、身近な保育者に慣れる。(人間関係・健康)<br>○安心できる環境のなかで、食事をしたり睡眠をとったりする。(健康)<br>○保育者に見守られるなかで、好きな場所や遊びをみつけて遊ぶ。(環境・人間関係)<br>○自分の欲求を仕草や行動、簡単な言葉で伝えようとする。(言葉・表現)<br>○絵本に親しんだり、手遊びや季節の歌をうたったりする。(表現・言葉) | ○楽しい雰囲気のなかで、自分の心地よい場所がみつかり、安定して過ごす。(健康)<br>○自分の持ち物やマークがわかり、自分のものを大切にしたり、友達の物を渡そうとしたりする。(人間関係・健康)<br>○水の冷たさや心地よさ、砂・土・寒天・片栗粉などさまざまな素材の感触を味わう。(環境)<br>○指さし・仕草・行動・自分なりの言葉などで自分の思いを表し、保育者に伝えようとする。(表現・言葉)<br>○保育者や友達と絵本のなかの繰り返しの言葉を言ってみたり、好きな歌をうたったりして楽しむ。(人間関係・表現・言葉) |
| 環境構成◆<br>配慮事項◇ | | | ◆一人ひとりの生活リズムを大切にして、食事・睡眠時間を調整し、無理なく過ごせるよう見通しをもって保育を進める。<br>◆子どもが興味をもてるよう、発達に合った玩具を用意する。<br>◇応答的な関わりを通じて、信頼関係を築いていく。<br>◇行動範囲を安心して広げられるよう見守り、安全に遊ぶことができるようにする。 | ◆さまざまな感触を味わうことができるよう、素材や道具を多めに用意する。<br>◆一人ひとりの健康状態に合わせて、水分補給や休息がとれるようにする。<br>◇子どものしたいという気持ちを受け止め、励ましたり、見守ったりしながら、意欲を高めていく。<br>◇友達の持っているものを使いたいときには、お互いの思いを代弁し、身振りや言葉で伝えていけるようにする。 |
| 家庭・地域との連携 | | | ○連絡帳や送迎時の対話で毎日の様子を伝え、不安や疑問が解消するように心がける。<br>○保護者の不安な気持ちを受け止め、丁寧に関わるようにする。 | ○疲れや感染症が出やすい時期なので、食事・睡眠・健康などについて連絡を取り合う。 |

60 ～ 67ページ掲載の指導計画の年間計画です。つながりを確認してみましょう。

| 低月齢児 | | 高月齢児 | |
|---|---|---|---|
| 低月齢児 | ●歩行の確立により、身体を動かすことが楽しいと感じる。<br>●身の回りのことを保育者と一緒にしようとする。<br>●他の子どもに関心をもち、関わろうとする。<br>●決められた所へ、ものを入れたり出したりする。<br>●遊びの終わりがわかり、保育者と一緒に片づけようとする。<br>●保育者との安定した関係のなかで、新たな人やものへの興味を広げる。<br>●五感を使って身近な自然と触れ合う。<br>●食べ物の名前・味・形・色などに興味を示す。<br>●絵本の読み聞かせや保育者の応答的な関わりによって、片言・一語文・二語文を話せるようになる。<br>●保育者と友達のまねをして、身体を動かすことを喜ぶ。 | 高月齢児 | ●大まかな一日の流れがわかるようになる。<br>●自分でしてみる経験を繰り返すことにより、できるようになる喜びを感じる。<br>●友達と一緒に遊ぶことが楽しくなり、思いを主張しながらも遊びが持続するようになる。<br>●繰り返しの経験のなかで、きまりがあることに気づき始める。<br>●順番に交代することがわかり、少しの間なら待つことができるようになる。<br>●異年齢児の子どもの活動に興味を示し、見たりまねたり、一緒に遊ぶ。<br>●つまむ・ひねる・丸めるなど素材を使った遊びを楽しみ、作ったもので見立て遊びをする。<br>●身近な動植物に触れたり見たりして、親しみをもつ。<br>●玩具やいろいろな素材に触れるなかで、形・色・大きさ・量などに気づく。<br>●さまざまなものを身体と心の両方で感じる経験を重ね感覚や感性が育つようになる。 |

| | 3期（9～12月） | 4期（1～3月） |
|---|---|---|
| | ○一日の生活の流れがわかり、身の回りのことを少しずつ自分でしようとする。<br>○音楽を聴いて体を動かしたり、上り下り・走る・跳ぶ・くぐるなどのびのびと体を動かしたりなど、全身を使った遊びを楽しむ。<br>○保育者に自分の思いを身振りや簡単な言葉で表現しようとする。<br>○保育者や友達と一緒に秋の自然に触れて遊ぶ。<br>(高) 保育者や友達と見立てやつもり遊びなどを楽しむ。 | ○冬の自然に触れ、十分に体を動かす楽しさを味わう。<br>○試したりイメージを膨らませたりして、好きな遊びを繰り返し楽しむ。<br>○保育者や友達との簡単な言葉のやりとりを楽しむ。<br>(低) 身の回りのことを自分なりに試しながらしようとする。<br>(高) 簡単な身の回りのことを、自分でしようとする。<br>(高) 進級に向けて、期待や喜びをもって楽しく過ごす。 |
| | ○季節の変化による保健衛生に十分留意し、快適に生活できるようにする。<br>○一人ひとりの自己主張に応答的に関わるなかで、安心して自分の思いを出していけるようにする。 | ○感染症の予防に努め、室温・湿度・換気・衛生面などに気をつける。<br>○「やってみよう」「やってほしい」など、それぞれの思いに寄り添い、主体的に身の回りのことに取り組めるようにする。 |
| | ○身の回りのことに興味をもち、してみようとする。（健康）<br>○さまざまな動きを経験し、体を動かすことを楽しむ。（健康）<br>○友達の存在を意識し、関わろうとする。（人間関係）<br>○秋の自然に触れながら、探索活動を十分に楽しむ。（環境）<br>○自分の思いや要求を仕草・簡単な言葉・身振りなどで伝えようとする。（言葉）<br>○絵本や紙芝居を楽しむなかで、言葉のやりとりを楽しんだり、好きなフレーズをみつけて繰り返したりする。（表現・言葉） | ○身の回りのことをしようとし、できた喜びや達成感を味わう。（健康）<br>○さまざまな素材や道具を遊びに取り入れ、使い方を試しながら、保育者や友達と一緒に見立て遊びを楽しむ。（人間関係・環境）<br>○氷を触るなど、冬の自然に触れて遊ぶ。（環境）<br>○指先を使った遊びを楽しむ。（環境）<br>○絵本を読んだり、生活や遊びのなかで言葉を使って簡単なやりとりをしようとする。（言葉）<br>○保育者や友達と一緒に、好きな歌をうたったり、リズム遊びを楽しんだりする。（表現） |
| | ◆歩く・走る・跳ぶ・ぶら下がる・くぐるなど、いろいろな動きを楽しめるように、巧技台や体育遊具などを配置する。<br>◆秋の自然物を使った遊びや製作などを楽しめるよう、素材を準備する。<br>◆見立てに使える用具や素材を用意し、ごっこ遊びを楽しめるようにする。<br>◇子どもの気持ちを受け止め、小さな成功体験をたくさんできるように援助する。<br>◇「友達と同じことをしたい」という思いを受け止めながら、言葉で仲介し、友達と一緒に楽しめるようにする。<br>◇子どもが伝えようとすることにじっくり耳を傾け、安心して自分の思いを伝えられるようにする。 | ◆健康に留意した室温や湿度を保つようにする。<br>◆友達と一緒に遊べるように、同じものを複数用意し、同じ遊びをする楽しさを感じられるようにする。<br>◇「自分で」という気持ちに寄り添い、一人ひとりのやり方やペースを尊重しながら、「できた」という満足感が味わえるようにする。<br>◇氷や霜柱・雪に触れ、冬の冷たさやおもしろさを一緒に楽しむ。<br>◇思いがぶつかり合うときには、お互いの気持ちを受容し、わかりやすく仲立ちをして、関わり方を知らせていく。 |
| | ○行事に参加してもらい、親子で楽しいひとときを過ごしたり、保護者同士で交流したりする場となるようにする。<br>○運動会や発表会などの行事を通じて、園での子どもの様子を見てもらい、成長を実感し、子育ての意欲が高まるようにする。 | ○感染症の情報を伝え、子どもの体調について把握してもらう。<br>○一年間を振り返り、保護者とともに成長を喜び合う。<br>○進級の話を通して、子どもの育ちについて今後の見通しを伝える。 |

玉野市立保育園・認定こども園1歳児年間計画。内容を一部変更。

第3章

# 指導計画作成のヒントと資料

「10の姿」のワークや遊びの計画を作るポイントなど、
指導計画作りに役立つ内容がいっぱいです。

# 「10の姿」のワーク

## ◯歳児期の終わりまでに育ってほしい姿を考えよう！

担当するクラスの年齢をワークに当てはめて考えてみましょう。

### 指導計画作成のときも「10の姿」の視点は大切！

「幼児期の終わりまでに育ってほしい姿」（10の姿）は、園生活を通じて、「資質・能力の３つの柱」が育ってきている子どもたちの就学前の姿を具体的に示したものです。

保育者は、「10の姿」が育まれるような遊びや生活を用意する必要があります。そのため、指導計画を作成するときにも、「10の姿」の視点は重要になります。

### 5歳児だけじゃない「10の姿」

幼稚園教育要領や保育所保育指針に記載された「10の姿」の各項目（表参照）は、５歳児の後半頃に見られる具体的な姿です。

ここで、留意したいことが２つあります。１つ目は、「10の姿」は達成目標ではなく、保育者の保育や指導の方向性を示したものということです。２つ目は、「10の姿」は５歳児になって急に現れる姿ではないということです。４歳児には４歳児なりの、２歳児には２歳児なりの「10の姿」の育ちが見られます。指導計画を立案するときも、このことを念頭において作成していきましょう。

### 「10の姿」のワークの活用法

指導計画を作成するときに、活用したいのが、73ページの「10の姿」のワークです。まず、「４歳児期の終わりまでに育ってほしい姿」「３歳児期の終わりまでに育ってほしい姿」など、自分が担当するクラスの年齢を□に書き入れて、そのクラスの３月末の姿を考えてみましょう。

５歳児以外の年齢を担当していたとしても、「10の姿」について、「４歳児の終わりには、こんな姿が見られるんじゃないかな？」「２歳児の○○組の終わりには、こんな育ちが見られたらいいな」など、保育者の予測や願う姿があると思います。それを73ページの空欄に書き入れましょう。園の実情に応じて、具体的な活動名などを書き入れたり、担任ならではの視点で、クラスの特長となる姿を記載したりしてもいいですね。

そして、「３月に○○○ならば、12月はこうかな？　４月は？」と、各月の「10の姿」を考えて、月案の作成にもつなげていきましょう。

## 「10の姿」のワーク

### □歳児期の終わりまでに育ってほしい姿

| | |
|---|---|
| 健康な心と体 | |
| 自立心 | |
| 協同性 | |
| 道徳性・規範意識の芽生え | |
| 社会生活との関わり | |
| 思考力の芽生え | |
| 自然との関わり・生命尊重 | |
| 数量や図形、標識や文字などへの関心・感覚 | |
| 言葉による伝え合い | |
| 豊かな感性と表現 | |

### 幼児期の終わりまでに育ってほしい姿（10の姿）

（幼稚園教育要領より抜粋）

| | |
|---|---|
| 健康な心と体 | 幼稚園生活の中で、充実感をもって自分のやりたいことに向かって心と体を十分に働かせ、見通しをもって行動し、自ら健康で安全な生活をつくり出すようになる。 |
| 自立心 | 身近な環境に主体的に関わり様々な活動を楽しむ中で、しなければならないことを自覚し、自分の力で行うために考えたり、工夫したりしながら、諦めずにやり遂げることで達成感を味わい、自信をもって行動するようになる。 |
| 協同性 | 友達と関わる中で、互いの思いや考えなどを共有し、共通の目的の実現に向けて、考えたり、工夫したり、協力したりし、充実感をもってやり遂げるようになる。 |
| 道徳性・規範意識の芽生え | 友達と様々な体験を重ねる中で、してよいことや悪いことが分かり、自分の行動を振り返ったり、友達の気持ちに共感したりし、相手の立場に立って行動するようになる。また、きまりを守る必要性が分かり、自分の気持ちを調整し、友達と折り合いを付けながら、きまりをつくったり、守ったりするようになる。 |
| 社会生活との関わり | 家族を大切にしようとする気持ちをもつとともに、地域の身近な人と触れ合う中で、人との様々な関わり方に気付き、相手の気持ちを考えて関わり、自分が役に立つ喜びを感じ、地域に親しみをもつようになる。また、幼稚園内外の様々な環境に関わる中で、遊びや生活に必要な情報を取り入れ、情報に基づき判断したり、情報を伝え合ったり、活用したりするなど、情報を役立てながら活動するようになるとともに、公共の施設を大切に利用するなどして、社会とのつながりなどを意識するようになる。 |
| 思考力の芽生え | 身近な事象に積極的に関わる中で、物の性質や仕組みなどを感じ取ったり、気付いたりし、考えたり、予想したり、工夫したりするなど、多様な関わりを楽しむようになる。また、友達の様々な考えに触れる中で、自分と異なる考えがあることに気付き、自ら判断したり、考え直したりするなど、新しい考えを生み出す喜びを味わいながら、自分の考えをよりよいものにするようになる。 |
| 自然との関わり・生命尊重 | 自然に触れて感動する体験を通して、自然の変化などを感じ取り、好奇心や探究心をもって考え言葉などで表現しながら、身近な事象への関心が高まるとともに、自然への愛情や畏敬の念をもつようになる。また、身近な動植物に心を動かされる中で、生命の不思議さや尊さに気付き、身近な動植物への接し方を考え、命あるものとしていたわり、大切にする気持ちをもって関わるようになる。 |
| 数量や図形、標識や文字などへの関心・感覚 | 遊びや生活の中で、数量や図形、標識や文字などに親しむ体験を重ねたり、標識や文字の役割に気付いたりし、自らの必要感に基づきこれらを活用し、興味や関心、感覚をもつようになる。 |
| 言葉による伝え合い | 先生や友達と心を通わせる中で、絵本や物語などに親しみながら、豊かな言葉や表現を身に付け、経験したことや考えたことなどを言葉で伝えたり、相手の話を注意して聞いたりし、言葉による伝え合いを楽しむようになる。 |
| 豊かな感性と表現 | 心を動かす出来事などに触れ感性を働かせる中で、様々な素材の特徴や表現の仕方などに気付き、感じたことや考えたことを自分で表現したり、友達同士で表現する過程を楽しんだりし、表現する喜びを味わい、意欲をもつようになる。 |

# 遊びの計画を作る

## 遊びへの理解を深めよう！

充実した遊びにするポイントや遊びの捉え方を見ていきましょう。

### 充実した遊びにする3つのポイント

子どもたちは、毎日の遊びの経験からいろいろなことを学んでいます。例えば、ごっこ遊びでは、自分たちで展開を考えたり、必要なものを用意したり作ったりと、思考力全開です。誰がどの役をするのかを友達と相談することや、セリフでのやりとりは、人間関係の構築につながっています。また、遊びのなかでは、ただ「楽しい！」だけではなく、思い通りにならずに葛藤したり、我慢したり、あるいは譲ったりすることも経験します。このような経験は、自己抑制力や協同性の育ちへとつながります。

このように、さまざまな育ちや学びが得られるのは、遊びが豊かで充実したものだからです。なんとなく時間つぶしのような遊びでは、経験する内容にも偏りがあり、学びや育ちにつながりにくくなります。

では、どうしたら、充実した遊びになるのでしょうか。ここでは、そのために欠かせない３つのポイントを紹介します。

#### Point 1 遊ぶ時間・場所・ものの確保

遊び始めからじっくり取り組むまでにはある程度の時間が必要です。また、好きなことを好きなだけ行うにも、その場所やものが必要です。

#### Point 2 子どもの興味に沿った環境構成

毎日同じ玩具や遊具があるだけ、保育者の許可がないと使えないなど、制限が多いなかでは、子どもの心は動きにくいかもしれません。子どもの関心と環境がズレていたら、充実した遊びになるのは難しいでしょう。遊びがパターン化して飽きてしまうのです。興味に沿った環境構成が大切です。

#### Point 3 保育者の援助

「やってみたい！」という思いがあっても、生まれて数年の子どもたちの経験だけでは、実現するのが難しかったり、困り感を伴うこともあるでしょう。
そんなときこそ、保育者の出番！適切な援助が充実した遊びにつながります。

## 遊びを理解するための4つのグループ

いま、子どもたちが遊んでいる遊びを、「充実した遊び」と捉えてよいのか迷うこともあると思います。子どもが困り感なく遊んでいても、保育者から見ると遊びが展開していないように感じることもあるでしょう。

遊びを下の4つのグループに分類したとき、どこに当てはまるか整理して考えてみましょう。遊びをどのように捉えたらよいかや、必要な援助の方向性も見えてくると思います。

## 「個の育ち」と「集団の育ち」を意識

遊びの計画では、特に個の育ちと集団の育ちの両面をしっかり捉えて、具体的な援助や環境構成を考えていくことが重要です。

遊びは自発的な活動ですから、同じクラスの子どもたちが、みんな同じ遊びをしているとは限りません。同じ場でさまざまな遊びが同時に展開することも、よく見られます。このため、遊びの計画は、同じ場で同時に行われている複数の遊びを捉えたものにする必要があります。そうは言っても、全ての遊びについて完璧な環境構成や援助を設定するのは難しいものですね。まずは、遊びを観察し、遊びが「どのように展開されているのか」「誰が誰と」「どこで」「何で」「何を楽しんでいるのか」という視点から捉えていきましょう。遊びの内容や子ども同士の関わりが整理され、育ちのために必要な経験やもっと遊びを充実させるための援助を考えるヒントとなります。

**遊び**

### Group 1 子ども：充実　保育者から見て：充実

子どもが楽しんでいて、保育者から見ても充実した遊びの場合には、現状維持となり、楽しさの共有が考えられます。

### Group 2 子ども：充実　保育者から見て：困り感あり

子ども自身は困っていないものの、保育者から見ると、充実していない遊びもあります。子ども自身が困り感に気づいていない、遊びの展開のきっかけがつかめない、惰性で遊んでいるなどの場合は、現状を打破するような援助を考えましょう。

### Group 3 子ども：困り感あり　保育者から見て：充実

このグループでは、保育者は、「困り感ではなく、育ちのチャンス！」と捉えて見守ることもありそうです。例えば、遊びの仲間に入りたくて困っている子に対して、「自分で乗り切って達成感が得られるようにしたい」という願いがあるような場合が考えられます。

### Group 4 子ども：困り感あり　保育者から見て：困り感あり

子どもが何に困っているのか具体的に捉え、そこへの環境構成と具体的な援助を行う必要があります。

# 遊びの計画を作る

## 遊びの計画を考えるための3ステップ

遊びがよく見えるようになる3ステップを
紹介します。

### 遊びを計画するときの秘訣

充実した遊びにするための、遊びの計画を考えていきましょう。「遊びは自発的な活動でしょう？　保育者が計画したらだめじゃない？」と思われる方もいるかもしれませんね。しかし、いわゆる放任では、充実した遊びにはなりません。遊びのなかで、どのような経験が重ねられるか予測し、その経験をより豊かにするためには、環境や保育者の関わりが必要だからです。

では、これらを踏まえ、遊びの計画を考える際の道筋となる3ステップを見ていきましょう。

この3つのステップに注意して遊びの計画を捉えてみると、保育者がもっともっと遊びをよく見るようになり、さらにはそこでの一人ひとりの育ちも見えてきます。そうすると、保育者自身が「遊びっておもしろい！」と感じるようになってきます。そして、「遊びは活動と活動のつなぎ」といった意識はなくなりますし、保育室の環境も変わってくると思います。

### 1 遊びをしっかり見る

まずは、子どもの遊びをよく見ます。「何をしているのか？」「何を楽しんでいるのか？」という、見た目はもちろん、「どうしたいのか？」「どのように考えているのか？」という、子どもの内面の理解が大切です。75ページの遊びのグループ分けも参考になるでしょう。

**大切な視点**

●どのような経験をしているのか。（実際の遊びの内容）
●そこにどのような思いがあるのか。（内面理解）

よく見て、子どもの思いを理解することが大切です。例えば、子どもが「お寿司屋さんをやりたい！」と言うとき、「お寿司の製作がしたい」のか、「お客さんとやりとりしたい」のか、よく見る必要があります。子どもはお寿司屋さんになってお客さんとやりとりがしたいのに、保育者がお寿司作りに比重を置いて、活動がお寿司作りで終わってしまうと、子どもたちが本当にやりたいことができなくなってしまいます。

Step

## 2 育ちに必要な経験を考える

子どもの「もっとこうしたい」という思いは、育ちの芽。子どもの思いをキャッチし、育ちの芽がどのように伸びていってほしいのか、つまり、保育者の願いを明確にしましょう。

さらに、育ちのために必要な経験は何かを考えることで、計画の「ねらい」と「活動内容」が見えてきます。

どんな育ちの芽？
どう伸びてほしい？
必要な経験は？
どんな遊びなら経験できる？

**大切な視点**

●子どもの経験・思い、保育者の願いから、育ちに必要な活動を考える。

Step

## 3 環境構成と具体的な援助を考える

子どもの育ちに必要な経験を考えたら、その経験を実現するために必要な環境構成や、保育者の援助を具体的に考えていきましょう。

**大切な視点**

●子どもに必要な経験が実現できるのは、どんな環境？
●保育者は、どんな援助が必要？

**例 お寿司屋さんごっこ**

●お寿司を作って売る経験ができるようにしたい。
●手先を使い、新しい素材に触れる経験ができるようにしたい。

**環境構成**

お寿司を作る素材を十分に用意する。

遊びが止まってしまうという、子どもの困り感を打開し、遊びが発展するきっかけをつくりたい。

保育者が他児を誘って、お客さん役になる。

# 遊びの計画を作る

## 遊びの計画を事例から考えよう！

学校ごっこをする子どもたち。困りごとがありそうです。
翌日の遊びの計画を考えてみましょう。

### 事例

5歳児クラスで、男児が先生役になり、他児は小学校のように各自机と椅子を並べて座りました。机には、自分たちで作ったノートを広げています。

先生役の男児が「1時間目、国語です。『あ』から書いてください」と言うと、他児は「はーい」と返事をして文字を書き始めました。書き終えた子が出てくると、男児は「国語は終わります」と言い、わきに移動。再び登場し、「2時間目、算数です。1から100まで書いてください」と言いました。他児たちも「はーい」と返事をして、数字を書いていきます。

しばらく、この「国語」と「算数」でひたすら書くという遊びが続き、「先生、疲れました」と言う子どもが出てきましたが、男児は「だめです」と言い、みんな黙々と書き続け、そのうち片付けの時間となりました。

### 解説

小学校へ就学前検診に行ったり、小学生の兄姉がいたりして、小学校のことを少し知っているという経験と、いよいよ自分たちも小学生がしている勉強をするという憧れから生まれた5歳児ならではのごっこ遊びですね。

文字や数字を小学校のように机を並べて書くという経験はきっと嬉しいことでしょう。また、先生役がいることで授業という形になり、より小学校を再現しています。しかし、まだ未知の世界のごっこ遊びです。「国語」と「算数」しか知らないので、文字や数字を書くことしかできないというもどかしさや、繰り返しで飽きてくるという困りごとが出てきそうですね。

保育者は、この遊びは明日も続くだろうと考えています。翌日の遊びをもっと充実させるために、事例を整理し、援助や環境構成を考えていきましょう。

## 事例の視点の整理

### 子どもの経験

●1人の男児が先生役になり、他児たちはそれぞれ机にノートを置き、座る。
●先生役の男児の指示により、ノートに数字やひらがなを書くことを繰り返す。

### 子どもの思い

●憧れの小学校や小学生の勉強をするのが嬉しい！　楽しい！**(満足感、達成感)**
●文字や数字が書ける自分たちってすごい。**(自信)**
●ずっと書くのはけっこう疲れる。飽きてきた。**(困り感)**

### 保育者の願い

●自分たちで必要な物(ノートや鉛筆)を用意したり、環境を整えたり(机や椅子)して遊び始めることがすっかりできるようになったな。
●セリフが学校のようでおもしろい！　小学生の気分を味わえていると思う。
●書くだけなのによく集中してる。この遊び自体はやめたくないのだろうな。きっと明日も同じ遊びをすると思う。
●遊びがパターン化して飽きてくるだろうな。打破する展開が必要では？
●小学校への憧れをもった楽しい遊びが続くといいな。

**事例の視点の整理を元に翌日の遊びの計画を考えます。「子どもの思い」が「予想される子どもの活動」に、「保育者の願い」が「ねらい」「環境構成」「保育者の援助」につながります。**

## 翌日の遊びの計画

| ねらい | ●学校ごっこを通して、小学校への憧れをもつ。<br>●相談したり調べたりしながら、工夫して遊びを展開していくおもしろさを味わう。 | 予想される子どもの活動 | ●昨日に引き続き、友達と学校ごっこの準備をして遊び始める。<br>●学校の1日を調べたり、他の活動を考える。<br>●授業など、繰り返しの展開を楽しみながら遊ぶ。<br>●他の遊び(周り)にも関心をもちながら遊びの工夫をしていく。 |
|---|---|---|---|
| 環境構成 | ●昨日の続きができるように、ノートにする用紙を多めに用意しておく。<br>●それぞれの遊びが十分に展開できるように遊びの場の調整や確保をする。<br>●遊びにメリハリが付いたり、より学校の雰囲気が感じられるようにチャイムになるような音、楽器などを用意しておく。<br>**→チャイムで授業の終わり→給食へとつなげる(「援助」の欄参照)** | 保育者の援助 | ●小学校のイメージがもてるように小学校での活動や流れを絵本などを通して伝える。<br>**→小学校への憧れにつながる援助**<br>●一緒に子ども役になったり、隣のクラスの先生になったりしながら「隣のカフェではお昼が食べられるね。」「給食の時間はまだですか？」などと遊びの展開のきっかけをつくったり、他の遊びと関わりがもてるような援助をしたりする。<br>**→遊びがマンネリ化して困ってしまう場合の援助** |

# 発達の過程

子どもの発達をしっかりと把握して、
指導計画の作成にも役立てましょう！

※平成20年３月告示「保育所保育指針」を元に作成。

## おおむね6か月未満

●首がすわり、手足の動きが活発になる。その後、寝返りや腹ばいなど全身の動きが活発になる。

●泣く・笑うなどの表情や体の動き、喃語などで自分の欲求を表現するようになる。

●特定の大人と情緒的な絆がうまれる。

## おおむね6か月～1歳3か月未満

●座る・はう・立つ・つたい歩きをするなど、運動機能が発達する。

●周囲の人やものに興味を示し、探索活動が活発になる。

●人見知りをするようになる。

●自分の意思や欲求を身振りで伝えようとする。

●大人が話す簡単な言葉がわかるようになる。

●離乳食から幼児食に移行していく。

## おおむね1歳3か月～2歳未満

●歩く・押す・つまむ・めくるなど、さまざまな運動機能が発達する。

●人やものとの関わりが強まる。

●玩具などを実物に見立てる象徴機能が発達する。

●大人が話すことがわかるようになり、自分の意思を伝えたいという欲求が高まる。

●指差し・身振り・片言を盛んに使うようになり、二語文を話し始める。

## おおむね2歳

●歩く・走る・跳ぶなどの基本的な運動機能や指先の機能が発達する。

●食事や衣類の着脱を自分でしようとする。

●排泄が自立する。

●語彙が著しく増加し、自分の思いを言葉で伝えるようになる。

●強く自己主張することがある。

●大人と一緒に簡単なごっこ遊びを楽しむ。

## おおむね 3歳

- 食事・排泄・衣類の着脱など、身の回りのことがほぼ自分でできるようになる。
- 話し言葉が理解でき、さかんに質問する。
- 自我がよりはっきりする。
- 友達との関わりが増えるが、平行遊びのことも多い。
- 予想や意図、期待をもって行動するようになる。

## おおむね 4歳

- 全身のバランスをとる機能が発達し、体の動きが巧みになる。
- 想像力が豊かになり、作ったり、かいたり、試したりする。
- 友達とのつながりが強くなる一方で、けんかも増える。
- 決まりの大切さに気づき、守ろうとする。
- 少しずつ我慢ができるようになってくる。

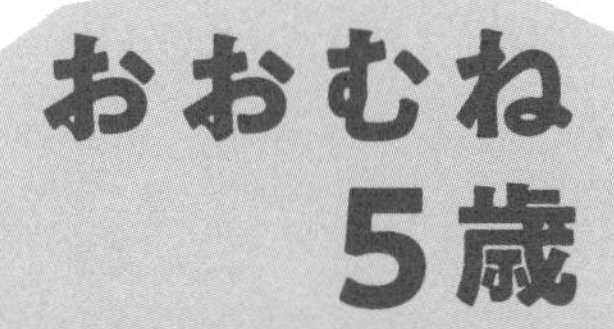

## おおむね 5歳

- 基本的な生活習慣が身につく。
- 運動機能がさらに伸び、友達と活発に遊ぶ。
- 言葉による共通のイメージをもち、目的に向かって集団で行動することが増える。
- 自分たちできまりをつくる。
- 自分たちでけんかを解決しようとする。
- 相手を許したり、異なる考えを認めたりする。
- 他の人の役に立つことに喜びを感じるようになる。

## おおむね 6歳

- 全身運動が巧みでなめらかになる。
- 役割分担をしながら、協同遊びやごっこ遊びを楽しむ。
- 創意工夫を重ね、遊びを発展させる。
- 自然事象や社会事象、文字などへの興味や関心が高まる。
- さまざまな経験を通して、自立心が一層高まる。

※発達には個人差があります。この8つの区分は、あくまで目安として考えましょう。

平成29年3月31日告示

幼稚園教育要領のうち、本書と特に関連の深い部分をピックアップしました。

## 第１章　総則

第２　幼稚園教育において育みたい資質・能力及び「幼児期の終わりまでに育ってほしい姿」

１　幼稚園においては、生きる力の基礎を育むため、この章の第１に示す幼稚園教育の基本を踏まえ、次に掲げる資質・能力を一体的に育むよう努めるものとする。

（1）　豊かな体験を通じて、感じたり、気付いたり、分かったり、できるようになったりする「知識及び技能の基礎」

（2）　気付いたことや、できるようになったことなどを使い、考えたり、試したり、工夫したり、表現したりする「思考力、判断力、表現力等の基礎」

（3）　心情、意欲、態度が育つ中で、よりよい生活を営もうとする「学びに向かう力、人間性等」

２　１に示す資質・能力は、第２章に示すねらい及び内容に基づく活動全体によって育むものである。

３　次に示す「幼児期の終わりまでに育ってほしい姿」は、第２章に示すねらい及び内容に基づく活動全体を通して資質・能力が育まれている幼児の幼稚園修了時の具体的な姿であり、教師が指導を行う際に考慮するものである。

（1）　健康な心と体

幼稚園生活の中で、充実感をもって自分のやりたいことに向かって心と体を十分に働かせ、見通しをもって行動し、自ら健康で安全な生活をつくり出すようになる。

（2）　自立心

身近な環境に主体的に関わり様々な活動を楽しむ中で、しなければならないことを自覚し、自分の力で行うために考えたり、工夫したりしながら、諦めずにやり遂げることで達成感を味わい、自信をもって行動するようになる。

（3）　協同性

友達と関わる中で、互いの思いや考えなどを共有し、共通の目的の実現に向けて、考えたり、工夫したり、協力したりし、充実感をもってやり遂げるようになる。

（4）　道徳性・規範意識の芽生え

友達と様々な体験を重ねる中で、してよいことや悪いことが分かり、自分の行動を振り返ったり、友達の気持ちに共感したりし、相手の立場に立って行動するようになる。また、きまりを守る必要性が分かり、自分の気持ちを調整し、友達と折り合いを付けながら、きまりをつくったり、守ったりするようになる。

（5）　社会生活との関わり

家族を大切にしようとする気持ちをもつとともに、地域の身近な人と触れ合う中で、人との様々な関わり方に気付き、相手の気持ちを考えて関わり、自分が役に立つ喜びを感じ、地域に親しみをもつようになる。また、幼稚園内外の様々な環境に関わる中で、遊びや生活に必要な情報を取り入れ、情報に基づき判断したり、情報を伝え合ったり、活用したりするなど、情報を役立てながら活動するようになるとともに、公共の施設を大切に利用するなどして、社会とのつながりなどを意識するようになる。

（6）　思考力の芽生え

身近な事象に積極的に関わる中で、物の性質や仕組みなどを感じ取ったり、気付いたりし、考えたり、予想したり、工夫したりするなど、多様な関わりを楽しむようになる。また、友達の様々な考えに触れる中で、自分と異なる考えがあることに気付き、自ら判断したり、考え直したりするなど、新しい考えを生み出す喜びを味わいながら、自分の考えをよりよいものにするようになる。

（7）　自然との関わり・生命尊重

自然に触れて感動する体験を通して、自然の変化などを感じ取り、好奇心や探究心をもって考え言葉などで表現しながら、身近な事象への関心が高まるとともに、自然への愛情や畏敬の念をもつようになる。また、身近な動植物に心を動かされる中で、生命の不思議さや尊さに気付き、身近な動植物への接し方を考え、命あるものとしていたわり、大切にする気持ちをもって関わるようになる。

（8）　数量や図形、標識や文字などへの関心・感覚

遊びや生活の中で、数量や図形、標識や文字などに親しむ体験を重ねたり、標識や文字の役割に気付いたりし、自らの必要感に基づきこれらを活用し、興味や関心、感覚をもつようになる。

（9）　言葉による伝え合い

先生や友達と心を通わせる中で、絵本や物語などに親しみながら、豊かな言葉や表現を身に付け、経験したことや考えたことなどを言葉で伝えたり、相手の話を注意して聞いたりし、言葉による伝え合いを楽しむようになる。

（10）　豊かな感性と表現

心を動かす出来事などに触れ感性を働かせる中で、様々な素材の特徴や表現の仕方などに気付き、感じたことや考えたことを自分で表現したり、友達同士で表現する過程を楽しんだりし、表現する喜びを味わい、意欲をもつようになる。

第４　指導計画の作成と幼児理解に基づいた評価

１　指導計画の考え方

幼稚園教育は、幼児が自ら意欲をもって環境と関わることによりつくり出される具体的な活動を通して、その目標の達成を図るものである。

幼稚園においてはこのことを踏まえ、幼児期にふさわしい生活が展開され、適切な指導が行われるよう、それぞれの幼稚園の教育課程に基づき、調和のとれた組織的、発展的な指導計画を作成し、幼児の活動に沿った柔軟な指導を行わなければならない。

２　指導計画の作成上の基本的事項

（1）　指導計画は、幼児の発達に即して一人一人の幼児が幼児期にふさわしい生活を展開し、必要な体験を得られるようにするために、具体的に作成するものとする。

（2）　指導計画の作成に当たっては、次に示すところにより、具体的なねらい及び内容を明確に設定し、適切な環境を構成することなどにより活動が選択・展開されるようにするものとする。

ア　具体的なねらい及び内容は、幼稚園生活における幼児の発達の過程を見通し、幼児の生活の連続性、季節の変化などを考慮して、幼児の興味や関心、発達の実情などに応じて設定すること。

イ　環境は、具体的なねらいを達成するために適切なものとなるように構成し、幼児が自らその環境に関わることにより様々な活動を展開しつつ必要な体験を得られるようにすること。その際、幼児の生活する姿や発想を大切にし、常にその環境が適切なものとなるようにすること。

ウ　幼児の行う具体的な活動は、生活の流れの中で様々に変化するものであることに留意し、幼児が望ましい方向に向かって自ら活動を展開していくことができるよう必要な援助をすること。

その際、幼児の実態及び幼児を取り巻く状況の変化などに即して指導の過程についての評価を適切に行い、常に指導計画の改善を図るものとする。

3 指導計画の作成上の留意事項

指導計画の作成に当たっては、次の事項に留意するものとする。

(1) 長期的に発達を見通した年、学期、月などにわたる長期の指導計画やこれとの関連を保ちながらより具体的な幼児の生活に即した週、日などの短期の指導計画を作成し、適切な指導が行われるようにすること。特に、週、日などの短期の指導計画については、幼児の生活のリズムに配慮し、幼児の意識や興味の連続性のある活動が相互に関連して幼稚園生活の自然な流れの中に組み込まれるようにすること。

(2) 幼児が様々な人やものとの関わりを通して、多様な体験をし、心身の調和のとれた発達を促すようにしていくこと。その際、幼児の発達に即して主体的・対話的で深い学びが実現するようにするとともに、心を動かされる体験が次の活動を生み出すことを考慮し、一つ一つの体験が相互に結び付き、幼稚園生活が充実するようにすること。

(3) 言語に関する能力の発達と思考力等の発達が関連していることを踏まえ、幼稚園生活全体を通して、幼児の発達を踏まえた言語環境を整え、言語活動の充実を図ること。

(4) 幼児が次の活動への期待や意欲をもつことができるよう、幼児の実態を踏まえながら、教師や他の幼児と共に遊びや生活の中で見通しをもったり、振り返ったりするよう工夫すること。

(5) 行事の指導に当たっては、幼稚園生活の自然の流れの中で生活に変化や潤いを与え、幼児が主体的に楽しく活動できるようにすること。なお、それぞれの行事についてはその教育的価値を十分検討し、適切なものを精選し、幼児の負担にならないようにすること。

(6) 幼児期は直接的な体験が重要であることを踏まえ、視聴覚教材やコンピュータなど情報機器を活用する際には、幼稚園生活では得難い体験を補完するなど、幼児の体験との関連を考慮すること。

(7) 幼児の主体的な活動を促すためには、教師が多様な関わりをもつことが重要であることを踏まえ、教師は、理解者、共同作業者など様々な役割を果たし、幼児の発達に必要な豊かな体験が得られるよう、活動の場面に応じて、適切な指導を行うようにすること。

(8) 幼児の行う活動は、個人、グループ、学級全体などで多様に展開されるものであることを踏まえ、幼稚園全体の教師による協力体制を作りながら、一人一人の幼児が興味や欲求を十分に満足させるよう適切な援助を行うようにすること。

4 幼児理解に基づいた評価の実施

幼児一人一人の発達の理解に基づいた評価の実施に当たっては、次の事項に配慮するものとする。

(1) 指導の過程を振り返りながら幼児の理解を進め、幼児一人一人のよさや可能性などを把握し、指導の改善に生かすようにすること。その際、他の幼児との比較や一定の基準に対する達成度についての評定によって捉えるものではないことに留意すること。

(2) 評価の妥当性や信頼性が高められるよう創意工夫を行い、組織的かつ計画的な取組を推進するとともに、次年度又は小学校等にその内容が適切に引き継がれるようにすること。

## 第2章 ねらい及び内容

この章に示すねらいは、幼稚園教育において育みたい資質・能力を幼児の生活する姿から捉えたものであり、内容は、ねらいを達成するために指導する事項である。各領域は、これらを幼児の発達の側面から、心身の健康に関する領域「健康」、人との関わりに関する領域「人間関係」、身近な環境との関わりに関する領域「環境」、言葉の獲得に関する領域「言葉」及び感性と表現に関する領域「表現」としてまとめ、示したものである。内容の取扱いは、幼児の発達を踏まえた指導を行うに当たって留意すべき事項である。

各領域に示すねらいは、幼稚園における生活の全体を通じ、幼児が様々な体験を積み重ねる中で相互に関連をもちながら次第に達成に向かうものであること、内容は、幼児が環境に関わって展開する具体的な活動を通して総合的に指導されるものであることに留意しなければならない。

また、「幼児期の終わりまでに育ってほしい姿」が、ねらい及び内容に基づく活動全体を通して資質・能力が育まれている幼児の幼稚園修了時の具体的な姿であることを踏まえ、指導を行う際に考慮するものとする。

なお、特に必要な場合には、各領域に示すねらいの趣旨に基づいて適切な、具体的な内容を工夫し、それを加えても差し支えないが、その場合には、それが第1章の第1に示す幼稚園教育の基本を逸脱しないよう慎重に配慮する必要がある。

### 健康

〔健康な心と体を育て、自ら健康で安全な生活をつくり出す力を養う。〕

1 ねらい

(1) 明るく伸び伸びと行動し、充実感を味わう。

(2) 自分の体を十分に動かし、進んで運動しようとする。

(3) 健康、安全な生活に必要な習慣や態度を身に付け、見通しをもって行動する。

2 内容

(1) 先生や友達と触れ合い、安定感をもって行動する。

(2) いろいろな遊びの中で十分に体を動かす。

(3) 進んで戸外で遊ぶ。

(4) 様々な活動に親しみ、楽しんで取り組む。

(5) 先生や友達と食べることを楽しみ、食べ物への興味や関心をもつ。

(6) 健康な生活のリズムを身に付ける。

(7) 身の回りを清潔にし、衣服の着脱、食事、排泄などの生活に必要な活動を自分でする。

(8) 幼稚園における生活の仕方を知り、自分たちで生活の場を整えながら見通しをもって行動する。

(9) 自分の健康に関心をもち、病気の予防などに必要な活動を進んで行う。

(10) 危険な場所、危険な遊び方、災害時などの行動の仕方が分かり、安全に気を付けて行動する。

3 内容の取扱い

上記の取扱いに当たっては、次の事項に留意する必要がある。

(1) 心と体の健康は、相互に密接な関連があるものであることを踏まえ、幼児が教師や他の幼児との温かい触れ合いの中で自己の存在感や充実感を味わうことなどを基盤として、しなやかな心と体の発達を促すこと。特に、十分に体を動かす気持ちよさを体験し、自ら体を動かそうとする意欲が育つようにすること。

(2) 様々な遊びの中で、幼児が興味や関心、能力に応じて全身を使って活動することにより、体を動かす楽しさを味わい、自分の体を大切にしようとする気持ちが育つようにすること。その際、多様な動きを経験する中で、体の動きを調整するようにすること。

（3） 自然の中で伸び伸びと体を動かして遊ぶことにより、体の諸機能の発達が促されることに留意し、幼児の興味や関心が戸外にも向くようにすること。その際、幼児の動線に配慮した園庭や遊具の配置などを工夫すること。

（4） 健康な心と体を育てるためには食育を通じた望ましい食習慣の形成が大切であることを踏まえ、幼児の食生活の実情に配慮し、和やかな雰囲気の中で教師や他の幼児と食べる喜びや楽しさを味わったり、様々な食べ物への興味や関心をもったりするなどし、食の大切さに気付き、進んで食べようとする気持ちが育つようにすること。

（5） 基本的な生活習慣の形成に当たっては、家庭での生活経験に配慮し、幼児の自立心を育て、幼児が他の幼児と関わりながら主体的な活動を展開する中で、生活に必要な習慣を身に付け、次第に見通しをもって行動できるようにすること。

（6） 安全に関する指導に当たっては、情緒の安定を図り、遊びを通して安全についての構えを身に付け、危険な場所や事物などが分かり、安全についての理解を深めるようにすること。また、交通安全の習慣を身に付けるようにするとともに、避難訓練などを通して、災害などの緊急時に適切な行動がとれるようにすること。

**人間関係**

〔他の人々と親しみ、支え合って生活するために、自立心を育て、人と関わる力を養う。〕

1 ねらい

（1） 幼稚園生活を楽しみ、自分の力で行動することの充実感を味わう。

（2） 身近な人と親しみ、関わりを深め、工夫したり、協力したりして一緒に活動する楽しさを味わい、愛情や信頼感をもつ。

（3） 社会生活における望ましい習慣や態度を身に付ける。

2 内容

（1） 先生や友達と共に過ごすことの喜びを味わう。

（2） 自分で考え、自分で行動する。

（3） 自分でできることは自分でする。

（4） いろいろな遊びを楽しみながら物事をやり遂げようとする気持ちをもつ。

（5） 友達と積極的に関わりながら喜びや悲しみを共感し合う。

（6） 自分の思ったことを相手に伝え、相手の思っていることに気付く。

（7） 友達のよさに気付き、一緒に活動する楽しさを味わう。

（8） 友達と楽しく活動する中で、共通の目的を見いだし、工夫したり、協力したりなどする。

（9） よいことや悪いことがあることに気付き、考えながら行動する。

（10） 友達との関わりを深め、思いやりをもつ。

（11） 友達と楽しく生活する中できまりの大切さに気付き、守ろうとする。

（12） 共同の遊具や用具を大切にし、皆で使う。

（13） 高齢者をはじめ地域の人々などの自分の生活に関係の深いいろいろな人に親しみをもつ。

3 内容の取扱い

上記の取扱いに当たっては、次の事項に留意する必要がある。

（1） 教師との信頼関係に支えられて自分自身の生活を確立していくことが人と関わる基盤となることを考慮し、幼児が自ら周囲に働き掛けることにより多様な感情を体験し、試行錯誤しながら諦めずにやり遂げることの達成感や、前向きな見通しをもって自分の力で行うことの充実感を味わうことができるよう、幼児の行動を見守りながら適切な援助を行うようにすること。

（2） 一人一人を生かした集団を形成しながら人と関わる力を育てていくようにすること。その際、集団の生活の中で、幼児が自己を発揮し、教師や他の幼児に認められる体験をし、自分のよさや特徴に気付き、自信をもって行動できるようにすること。

（3） 幼児が互いに関わりを深め、協同して遊ぶようになるため、自ら行動する力を育てるようにするとともに、他の幼児と試行錯誤しながら活動を展開する楽しさや共通の目的が実現する喜びを味わうことができるようにすること。

（4） 道徳性の芽生えを培うに当たっては、基本的な生活習慣の形成を図るとともに、幼児が他の幼児との関わりの中で他人の存在に気付き、相手を尊重する気持ちをもって行動できるようにし、また、自然や身近な動植物に親しむことなどを通して豊かな心情が育つようにすること。特に、人に対する信頼感や思いやりの気持ちは、葛藤やつまずきをも体験し、それらを乗り越えることにより次第に芽生えてくることに配慮すること。

（5） 集団の生活を通して、幼児が人との関わりを深め、規範意識の芽生えが培われることを考慮し、幼児が教師との信頼関係に支えられて自己を発揮する中で、互いに思いを主張し、折り合いを付ける体験をし、きまりの必要性などに気付き、自分の気持ちを調整する力が育つようにすること。

（6） 高齢者をはじめ地域の人々などの自分の生活に関係の深いいろいろな人と触れ合い、自分の感情や意志を表現しながら共に楽しみ、共感し合う体験を通して、これらの人々などに親しみをもち、人と関わることの楽しさや人の役に立つ喜びを味わうことができるようにすること。また、生活を通して親や祖父母などの家族の愛情に気付き、家族を大切にしようとする気持ちが育つようにすること。

**環境**

〔周囲の様々な環境に好奇心や探究心をもって関わり、それらを生活に取り入れていこうとする力を養う。〕

1 ねらい

（1） 身近な環境に親しみ、自然と触れ合う中で様々な事象に興味や関心をもつ。

（2） 身近な環境に自分から関わり、発見を楽しんだり、考えたりし、それを生活に取り入れようとする。

（3） 身近な事象を見たり、考えたり、扱ったりする中で、物の性質や数量、文字などに対する感覚を豊かにする。

2 内容

（1） 自然に触れて生活し、その大きさ、美しさ、不思議さなどに気付く。

（2） 生活の中で、様々な物に触れ、その性質や仕組みに興味や関心をもつ。

（3） 季節により自然や人間の生活に変化のあることに気付く。

（4） 自然などの身近な事象に関心をもち、取り入れて遊ぶ。

（5） 身近な動植物に親しみをもって接し、生命の尊さに気付き、いたわったり、大切にしたりする。

（6） 日常生活の中で、我が国や地域社会における様々な文化や伝統に親しむ。

（7） 身近な物を大切にする。

（8） 身近な物や遊具に興味をもって関わり、自分なりに比べたり、関連付けたりしながら考えたり、試したりして工夫して遊ぶ。

（9） 日常生活の中で数量や図形などに関心をもつ。

（10） 日常生活の中で簡単な標識や文字などに関心をもつ。

（11） 生活に関係の深い情報や施設などに興味や関心をもつ。

（12） 幼稚園内外の行事において国旗に親しむ。

3 内容の取扱い

上記の取扱いに当たっては、次の事項に留意する必要がある。

（1） 幼児が、遊びの中で周囲の環境と関わり、次第に周囲の世界に好奇心を抱き、その意味や操作の仕方に関心をもち、物事の法則性に気付き、自分なりに考えることができるようになる過程を大切にすること。また、他の幼児の考えなどに触れて新しい考えを生み出す喜びや楽しさを味わい、自分の考えをよりよいものにしようとする気持ちが育つようにすること。

(2) 幼児期において自然のもつ意味は大きく、自然の大きさ、美しさ、不思議さなどに直接触れる体験を通して、幼児の心が安らぎ、豊かな感情、好奇心、思考力、表現力の基礎が培われることを踏まえ、幼児が自然との関わりを深めることができるよう工夫すること。

(3) 身近な事象や動植物に対する感動を伝え合い、共感し合うことなどを通して自分から関わろうとする意欲を育てるとともに、様々な関わり方を通してそれらに対する親しみや畏敬の念、生命を大切にする気持ち、公共心、探究心などが養われるようにすること。

(4) 文化や伝統に親しむ際には、正月や節句など我が国の伝統的な行事、国歌、唱歌、わらべうたや我が国の伝統的な遊びに親しんだり、異なる文化に触れる活動に親しんだりすることを通じて、社会とのつながりの意識や国際理解の意識の芽生えなどが養われるようにすること。

(5) 数量や文字などに関しては、日常生活の中で幼児自身の必要感に基づく体験を大切にし、数量や文字などに関する興味や関心、感覚が養われるようにすること。

**言葉**

〔経験したことや考えたことなどを自分なりの言葉で表現し、相手の話す言葉を聞こうとする意欲や態度を育て、言葉に対する感覚や言葉で表現する力を養う。〕

1 ねらい

(1) 自分の気持ちを言葉で表現する楽しさを味わう。

(2) 人の言葉や話などをよく聞き、自分の経験したことや考えたことを話し、伝え合う喜びを味わう。

(3) 日常生活に必要な言葉が分かるようになるとともに、絵本や物語などに親しみ、言葉に対する感覚を豊かにし、先生や友達と心を通わせる。

2 内容

(1) 先生や友達の言葉や話に興味や関心をもち、親しみをもって聞いたり、話したりする。

(2) したり、見たり、聞いたり、感じたり、考えたりなどしたことを自分なりに言葉で表現する。

(3) したいこと、してほしいことを言葉で表現したり、分からないことを尋ねたりする。

(4) 人の話を注意して聞き、相手に分かるように話す。

(5) 生活の中で必要な言葉が分かり、使う。

(6) 親しみをもって日常の挨拶をする。

(7) 生活の中で言葉の楽しさや美しさに気付く。

(8) いろいろな体験を通じてイメージや言葉を豊かにする。

(9) 絵本や物語などに親しみ、興味をもって聞き、想像をする楽しさを味わう。

(10) 日常生活の中で、文字などで伝える楽しさを味わう。

3 内容の取扱い

上記の取扱いに当たっては、次の事項に留意する必要がある。

(1) 言葉は、身近な人に親しみをもって接し、自分の感情や意志などを伝え、それに相手が応答し、その言葉を聞くことを通して次第に獲得されていくものであることを考慮して、幼児が教師や他の幼児と関わることにより心を動かされるような体験をし、言葉を交わす喜びを味わえるようにすること。

(2) 幼児が自分の思いを言葉で伝えるとともに、教師や他の幼児などの話を興味をもって注意して聞くことを通して次第に話を理解するようになっていき、言葉による伝え合いができるようにすること。

(3) 絵本や物語などで、その内容と自分の経験とを結び付けたり、想像を巡らせたりするなど、楽しみを十分に味わうことによって、次第に豊かなイメージをもち、言葉に対する感覚が養われるようにすること。

(4) 幼児が生活の中で、言葉の響きやリズム、新しい言葉や表現などに触れ、これらを使う楽しさを味わえるようにすること。その際、絵本や物語に親しんだり、言葉遊びなどをしたりすることを通して、言葉が豊かになるようにすること。

(5) 幼児が日常生活の中で、文字などを使いながら思ったことや考えたことを伝える喜びや楽しさを味わい、文字に対する興味や関心をもつようにすること。

**表現**

〔感じたことや考えたことを自分なりに表現することを通して、豊かな感性や表現する力を養い、創造性を豊かにする。〕

1 ねらい

(1) いろいろなものの美しさなどに対する豊かな感性をもつ。

(2) 感じたことや考えたことを自分なりに表現して楽しむ。

(3) 生活の中でイメージを豊かにし、様々な表現を楽しむ。

2 内容

(1) 生活の中で様々な音、形、色、手触り、動きなどに気付いたり、感じたりするなどして楽しむ。

(2) 生活の中で美しいものや心を動かす出来事に触れ、イメージを豊かにする。

(3) 様々な出来事の中で、感動したことを伝え合う楽しさを味わう。

(4) 感じたこと、考えたことなどを音や動きなどで表現したり、自由にかいたり、つくったりなどする。

(5) いろいろな素材に親しみ、工夫して遊ぶ。

(6) 音楽に親しみ、歌を歌ったり、簡単なリズム楽器を使ったりなどする楽しさを味わう。

(7) かいたり、つくったりすることを楽しみ、遊びに使ったり、飾ったりなどする。

(8) 自分のイメージを動きや言葉などで表現したり、演じて遊んだりするなどの楽しさを味わう。

3 内容の取扱い

上記の取扱いに当たっては、次の事項に留意する必要がある。

(1) 豊かな感性は、身近な環境と十分に関わる中で美しいもの、優れたもの、心を動かす出来事などに出会い、そこから得た感動を他の幼児や教師と共有し、様々に表現することなどを通して養われるようにすること。その際、風の音や雨の音、身近にある草や花の形や色など自然の中にある音、形、色などに気付くようにすること。

(2) 幼児の自己表現は素朴な形で行われることが多いので、教師はそのような表現を受容し、幼児自身の表現しようとする意欲を受け止めて、幼児が生活の中で幼児らしい様々な表現を楽しむことができるようにすること。

(3) 生活経験や発達に応じ、自ら様々な表現を楽しみ、表現する意欲を十分に発揮させることができるように、遊具や用具などを整えたり、様々な素材や表現の仕方に親しんだり、他の幼児の表現に触れられるよう配慮したりし、表現する過程を大切にして自己表現を楽しめるように工夫すること。

平成29年3月31日告示

保育所保育指針のうち、本書と特に関連の深い部分をピックアップしました。

## 第１章　総則

3　保育の計画及び評価

（1）　全体的な計画の作成

ア　保育所は、１の(2)に示した保育の目標を達成するために、各保育所の保育の方針や目標に基づき、子どもの発達過程を踏まえて、保育の内容が組織的・計画的に構成され、保育所の生活の全体を通して、総合的に展開されるよう、全体的な計画を作成しなければならない。

イ　全体的な計画は、子どもや家庭の状況、地域の実態、保育時間などを考慮し、子どもの育ちに関する長期的見通しをもって適切に作成されなければならない。

ウ　全体的な計画は、保育所保育の全体像を包括的に示すものとし、これに基づく指導計画、保健計画、食育計画等を通じて、各保育所が創意工夫して保育できるよう、作成されなければならない。

（2）　指導計画の作成

ア　保育所は、全体的な計画に基づき、具体的な保育が適切に展開されるよう、子どもの生活や発達を見通した長期的な指導計画と、それに関連しながら、より具体的な子どもの日々の生活に即した短期的な指導計画を作成しなければならない。

イ　指導計画の作成に当たっては、第２章及びその他の関連する章に示された事項のほか、子ども一人一人の発達過程や状況を十分に踏まえるとともに、次の事項に留意しなければならない。

（ア）　３歳未満児については、一人一人の子どもの生育歴、心身の発達、活動の実態等に即して、個別的な計画を作成すること。

（イ）　３歳以上児については、個の成長と、子ども相互の関係や協同的な活動が促されるよう配慮すること。

（ウ）　異年齢で構成される組やグループでの保育においては、一人一人の子どもの生活や経験、発達過程などを把握し、適切な援助や環境構成ができるよう配慮すること。

ウ　指導計画においては、保育所の生活における子どもの発達過程を見通し、生活の連続性、季節の変化などを考慮し、子どもの実態に即した具体的なねらい及び内容を設定すること。また、具体的なねらいが達成されるよう、子どもの生活する姿や発想を大切にして適切な環境を構成し、子どもが主体的に活動できるようにすること。

エ　一日の生活のリズムや在園時間が異なる子どもが共に過ごすことを踏まえ、活動と休息、緊張感と解放感等の調和を図るよう配慮すること。

オ　午睡は生活のリズムを構成する重要な要素であり、安心して眠ることのできる安全な睡眠環境を確保するとともに、在園時間が異なることや、睡眠時間は子どもの発達の状況や個人によって差があることから、一律とならないよう配慮すること。

カ　長時間にわたる保育については、子どもの発達過程、生活のリズム及び心身の状態に十分配慮して、保育の内容や方法、職員の協力体制、家庭との連携などを指導計画に位置付けること。

キ　障害のある子どもの保育については、一人一人の子どもの発達過程や障害の状態を把握し、適切な環境の下で、障害のある子どもが他の子どもとの生活を通して共に成長できるよう、指導計画の中に位置付けること。また、子どもの状況に応じた保育を実施する観点から、家庭や関係機関と連携した支援のための計画を個別に作成するなど適切な対応を図ること。

（3）　指導計画の展開

指導計画に基づく保育の実施に当たっては、次の事項に留意しなければならない。

ア　施設長、保育士など、全職員による適切な役割分担と協力体制を整えること。

イ　子どもが行う具体的な活動は、生活の中で様々に変化することに留意して、子どもが望ましい方向に向かって自ら活動を展開できるよう必要な援助を行うこと。

ウ　子どもの主体的な活動を促すためには、保育士等が多様な関わりをもつことが重要であることを踏まえ、子どもの情緒の安定や発達に必要な豊かな体験が得られるよう援助すること。

エ　保育士等は、子どもの実態や子どもを取り巻く状況の変化などに即して保育の過程を記録するとともに、これらを踏まえ、指導計画に基づく保育の内容の見直しを行い、改善を図ること。

（4）　保育内容等の評価

ア　保育士等の自己評価

（ア）　保育士等は、保育の計画や保育の記録を通して、自らの保育実践を振り返り、自己評価することを通して、その専門性の向上や保育実践の改善に努めなければならない。

（イ）　保育士等による自己評価に当たっては、子どもの活動内容やその結果だけでなく、子どもの心の育ちや意欲、取り組む過程などにも十分配慮するよう留意すること。

（ウ）　保育士等は、自己評価における自らの保育実践の振り返りや職員相互の話し合い等を通じて、専門性の向上及び保育の質の向上のための課題を明確にするとともに、保育所全体の保育の内容に関する認識を深めること。

イ　保育所の自己評価

（ア）　保育所は、保育の質の向上を図るため、保育の計画の展開や保育士等の自己評価を踏まえ、当該保育所の保育の内容等について、自ら評価を行い、その結果を公表するよう努めなければならない。

（イ）　保育所が自己評価を行うに当たっては、地域の実情や保育所の実態に即して、適切に評価の観点や項目等を設定し、全職員による共通理解をもって取り組むよう留意すること。

（ウ）　設備運営基準第36条の趣旨を踏まえ、保育の内容等の評価に関し、保護者及び地域住民等の意見を聴くことが望ましいこと。

（5）　評価を踏まえた計画の改善

ア　保育所は、評価の結果を踏まえ、当該保育所の保育の内容等の改善を図ること。

イ　保育の計画に基づく保育、保育の内容の評価及びこれに基づく改善という一連の取組により、保育の質の向上が図られるよう、全職員が共通理解をもって取り組むことに留意すること。

## おわりに

数日後…
さきこ先生！
来週の週案が
できました！！
うん！　よく考えて
作ってある！
いいわよ！
さきこ先生の
ノートのおかげです
私、指導計画を
たてるのが
楽しくなってきました！
エヘヘ
おー♥
子どもたちのために何が必要か考えたり、「こうしたら
もっと楽しんでくれるかも？」って工夫してみたり…。
そうやって指導計画を作っていくことがおもしろくなって
きました。
頼もしいわー！
来週もさらにいい保育を
していきましょうね！
はいっ
指導計画
たて方
ノート

● 著者

**浅井拓久也**（あさい・たくや）　秋草学園短期大学幼児教育学科 准教授（第1章執筆）

企業内研究所の主任研究員や大学、短期大学の専任講師を経て現職。専門は保育学、幼児教育学。保育所や認定こども園の顧問も務め、全国で講演会や研修会を行っている。主な著書に「活動の見える化で保育力アップ！ドキュメンテーションの作り方&活用術」（明治図書出版）、「先輩保育者が教えてくれる！連絡帳の書き方のきほん」（翔泳社）などがある。

**前田和代**（まえだ・かずよ）　東京家政大学家政学部児童学科 専任講師（第2章、第3章「遊びの計画を作る」執筆）

幼稚園教諭を経て現職。専門は保育学、幼児教育学。東京家政大学では、保育者としての経験を生かし、後進の育成に力を注いでいる。保育雑誌「Pot」（チャイルド本社）で特集の原稿などを多数執筆。主な著書に「新訂 演習 保育内容総論」（建帛社 共著）、「子どもと保育者でつくる人間関係」（教育情報出版 共著）などがある。

● 指導計画執筆協力

| | | |
|---|---|---|
| 八浜認定こども園 | 佐田國淑代（さだくに・すみよ） | 5歳児担当 |
| 大崎認定こども園 | 桑原美香（くわはら・みか） | 4歳児担当 |
| 玉認定こども園 | 小田倫子（おだ・ともこ） | 3歳児担当 |
| 玉原認定こども園 | 前田公子（まえだ・きみこ） | 2歳児担当 |
| 大崎認定こども園 | 吉村紀子（よしむら・のりこ） | 1歳児担当 |
| 玉原認定こども園 | 廣畑和美（ひろはた・かずみ） | 0歳児担当 |
| 玉野市教育委員会就学前教育課 | 石田亜古（いしだ・あこ） | |
| 玉野市教育委員会就学前教育課 | 尾﨑正道（おざき・まさみち） | |

● STAFF

カバー、本文デザイン ……… 島村千代子
カバーイラスト、マンガ ……… カツヤマケイコ
本文イラスト …………………… カツヤマケイコ、とみたみはる
本文校正……………………… 有限会社くすのき舎
編集…………………………… 田島美穂



デキる保育者はこう考える！
PDCAベースの
指導計画たて方ノート

2021年2月　初版第1刷発行

著　者／浅井拓久也、前田和代　
発行人／大橋 潤
編集人／西岡育子
発行所／株式会社チャイルド本社
〒112-8512　東京都文京区小石川5-24-21
電　話／03-3813-2141（営業）　03-3813-9445（編集）
振　替／00100-4-38410

印刷・製本／図書印刷株式会社

ISBN978-4-8054-0302-0　C2037
NDC376　26×21cm　88P　Printed in Japan